Das

Stimmrecht des Aktionärs.

Von

Dr. Josef Haselberger.

München 1906.
J. Schweitzer Verlag (Arthur Sellier).

Inhaltsverzeichnis.

Spezial-Literatur.

Alexander, Die Sonderrechte der Aktionäre. Berlin 1892.
Anschütz-Völdernsdorff, Kommentar zum Allgemeinen deutschen Handelsgesetzbuch. Erlangen 1870 ff.
Bachmann, Die Sonderrechte der Aktionäre. Zürich 1902.
Bauer, Der Aufsichtsrat. Leipzig 1900.
Bauer, Das Aktiengesetz in der Fassung des neuen Handelsgesetzbuches. Leipzig 1899.
Behrend, Lehrbuch des Handelsrechtes I, 2. Berlin 1896.
Cosack, Lehrbuch des Handelsrechtes. Stuttgart 1903.
Endemann, Handbuch des deutschen Handels-, See- und Wechselrechtes. Leipzig 1881.
Frankenburger, Handelsgesetzbuch für das Deutsche Reich. München 1902.
Franz-Lentsch, Das Stimmrecht des Aktionärs (Inaug.-Dissertation). Greifswald 1903.
Gareis, Das Handelsgesetzbuch. München 1905.
Goldmann, Das Handelsgesetzbuch vom 10. Mai 1897. II. Bd. Berlin 1905.
Hecht, Das Börsen- und Aktienwesen der Gegenwart und die Reform des Aktiengesellschaftsrechts. Mannheim 1874.
Hergenhahn, Berufung und Tätigkeit der Generalversammlung. Berlin 1888.
Hergenhahn, Das Reichsgesetz betr. die Kommanditgesellschaften auf Aktien und die Aktiengesellschaften vom 18. Juni 1884. Berlin 1891.
Jacobi, Die Wertpapiere im Bürgerlichen Recht des Deutschen Reiches. Berlin 1901.
Lehmann, Das Recht der Aktiengesellschaften. 2 Bde. Berlin 1898, 1904.
Lehmann-Ring, Das Handelsgesetzbuch für das Deutsche Reich. I. Bd. 1901.
Löwenfeld, Das Recht der Aktiengesellschaften, Kritik und Reformvorschläge. Berlin 1879.
Petersen-Pechmann, Gesetz betr. die Kommanditgesellschaften auf Aktien und die Aktiengesellschaften vom 18. Juli 1884. Leipzig 1890.
Pinner, Das deutsche Aktienrecht. Berlin 1899.
Pöhls, Das Recht der Aktiengesellschaften. Hamburg 1842.
Renaud, Das Recht der Aktiengesellschaften. Leipzig 1875.
Riesenfeld, Der Einfluß des neuen Aktienrechtes auf die Statuten der bestehenden Gesellschaften. Berlin 1899.
Rießer, Die Neuerungen im deutschen Aktienrecht. Berlin 1899.
Simon, Die Vertretung eigener und fremder Aktien in der Generalversammlung (Festgabe der Rechtsanwaltschaft des Kammergerichts für Wilke). Berlin 1900. S. 257 ff.
Staub, Kommentar zum Handelsgesetzbuch. 2 Bde. Berlin 1900.
Thöl, Das Handelsrecht. I. Bd. Leipzig 1879.
Weyl, Handbuch des deutschen Aktiengesellschaftsrechtes. Freiburg i. B. und Leipzig 1896.
Weinhagen, Das Recht der Aktiengesellschaften nach dem allgemeinen deutschen Handelsgesetzbuch und dem Preußischen Gesetz vom 15. Februar 1864. Köln 1866.

Protokolle der Kommission zur Beratung eines allgemeinen deutschen Handelsgesetzbuches, im Auftrag der Kommission herausgegeben von J. Lutz. Würzburg 1861.
Entwurf eines Gesetzes betr. die Kommanditgesellschaften auf Aktien und die Aktiengesellschaften nebst Begründung und Anlage. Heymanns Verlag. Berlin 1883.

Bericht der Reichstagskommission hiezu. Drucksachen des Reichstages. V. Legislaturperiode. 4. Session. Bd. IV. 1884.
Hahn, Materialien zu den Reichsjustizgesetzen. Bd. VI. Berlin 1897.
Entscheidungen des Reichsoberhandelsgerichts.
Entscheidungen des Reichsgerichts.
Bauer, Zeitschrift für Aktiengesellschaften. 1894 ff.
Goldschmidts Zeitschrift für das gesamte Handelsrecht. 1858 ff.
Holdheims Wochenschrift (später Monatsschrift) für Aktienrecht und Bankwesen (später für Handelsrecht und Bankwesen). 1892 ff.

Einleitung.

Von allen den Gesellschaftsformen, die unsere Gesetzgebung dem großen Unternehmertum zur Verfügung gestellt hat, ist die Aktiengesellschaft jene, welche am häufigsten in Anspruch genommen wird. Damit soll jedoch keineswegs gesagt sein, daß sie in allen Fällen die geeignetste ist. Denn nicht immer ist ein wirtschaftliches oder finanzielles Bedürfnis für die Wahl dieser Organisationsform vorhanden.

Es ist bekannt, daß ein Unternehmen als Aktiengesellschaft oft lediglich deswegen in den Verkehr tritt, weil der Hergang der Gründung und vielleicht noch die erste Zeit des Wirkens einem bestimmten Kreise von Personen Gelegenheit bietet, rasch große Gewinne einzustreichen.

Die Wirtschaftsgeschichte Deutschlands und anderer Länder weist Jahre auf, in denen derartige Vorgänge so sehr typisch sind, daß man von „Gründerperioden" spricht.

Nun mögen ja allerdings unter normalen und ruhigen Wirtschaftsverhältnissen solche Spekulationsabsichten für das Entstehen einer Aktiengesellschaft nicht die überwiegende Ursache sein, jedoch das kann man nicht in Abrede stellen, daß für denjenigen, welcher sich an einem Aktienunternehmen beteiligt, die Hoffnung, sein Mitgliedschaftsrecht über kurz oder lang mit hohem Gewinn verkaufen zu können, nicht minder anreizend ist, als die Aussicht auf eine hohe und steigende Dividende. Demgemäß wird auch sein Interesse weniger durch die Sorge für eine rationelle Verwaltung und für eine dauernde günstige Fortentwicklung der Gesellschaft rege erhalten, als vielmehr durch die Furcht, daß durch eine geringe Dividende der Kurs der Aktien gedrückt werde. Die Festsetzung der Dividende ist tatsächlich meist das einzige, was dem Aktionär unter den Beschlüssen der Generalversammlung von Wichtigkeit erscheint. Wie die Geschäftsführung gehandhabt wird, wer an der Spitze der Gesellschaft steht, wer im Aufsichtsrat sitzt, ist ihm im hohen Grade gleichgültig. Es fehlt ihm das Bewußtsein, daß er als Gesellschafter nicht bloß Vermögensrechte, sondern auch gewisse Pflichten hat, mögen diese nur moralischer Art sein und sich darin erschöpfen, Verwaltungs- und Kontrollbefugnisse wahrzunehmen. Er fühlt sich mehr Obligationär denn als Aktionär.

Von nicht zu unterschätzendem Einfluß ist hiebei allerdings das in unserer Gesetzgebung vorherrschende „System der Veräußerlichkeit und Mobilisierung der Gesellschaftsanteile".[1])

„Schon die Qualität des Inhaberpapiers [2]) ist an sich geeignet, das Interesse des Aktionärs abzustumpfen, zumal dann, wenn es

---

[1]) Wendt in Endemanns Handbuch des deutschen Handels-, See- und Wechselrechtes, Leipzig 1881, S. 474.

[2]) Löwenfeld, Das Recht der Aktiengesellschaften, Berlin 1879, S. 11 ff.

an einem Markte, also an einer Börse, eine konstante Umsatzstelle hat, so daß aus den öffentlichen Berichten der Verkaufswert täglich aufs neue zu entnehmen ist.... Bei dem Besitzer der notierten Aktie vermindert sich die Neigung, auf die Tätigkeit der Gesellschaft einen Einfluß zu üben in demselben Maße, in dem die Umsatzfähigkeit an Leichtigkeit gewinnt. Der Börsenpreis, den er täglich liest, gewährt ihm den Ausweg, sich, sobald er will, durch den Verkauf der Aktien von der Sorge um das Schicksal der Gesellschaft zu befreien."

Der Aktionär mag nicht darüber nachdenken, wie die Gesellschaft geleitet werden soll, er will nicht daran mitwirken, daß sie prosperiere, er verlangt nur, daß dies geschehe. Erst wenn Verhältnisse eintreten, die befürchten lassen, daß die Dividende eine Kürzung erfahre oder daß sonstige Vermögensrechte beeinträchtigt werden, oder wenn Lebensfragen der Gesellschaft auf der Tagesordnung stehen, erst dann erscheint dem Aktionär auch sein Mitverwaltungsrecht, insbesondere sein Stimmrecht von Wert. In solchen Fällen nimmt dann die Zahl der in der Generalversammlung vertretenen Stimmen plötzlich zu.

Die Indolenz und Gleichgültigkeit der Aktionäre ist schon wiederholt zu Überrumpelungen benützt worden, indem eine bestimmte Interessentengruppe oder eine Aktionärclique ihr momentanes Übergewicht in einer Generalversammlung dazu benützt hat, um sich Vorteile und Begünstigungen zu sichern, die unter normalen Umständen nie durchzusetzen gewesen wären. Solche Überraschungen pflegen dann die benachteiligten Aktionäre meist zu Gegenmaßregeln anzuspornen. Es werden Ankündigungen in Tages- und Fachzeitungen erlassen, die einen Zusammenschluß der verletzten Interessenten anregen oder eine allgemeines Vertrauen genießende Person — in der Regel den Vorstand eines Bankinstitutes oder einen Rechtsanwalt — namhaft machen, der sich bereit erklärt hat, kostenlos die Vertretung der Aktionäre in gewissem Sinne zu übernehmen. Infolge des durch die vereinigten Stimmen ausgelösten Gegengewichtes ist es gewöhnlich möglich, eine Abänderung der ungerechten Beschlüsse, soweit sie noch Bedeutung hat, herbeizuführen oder doch wenigstens einer weiteren einseitigen Beschlußfassung vorzubeugen.

So gering sonst der Einfluß des einzelnen Aktionärs auf die Verwaltung ist, hier kommt sein Stimmrecht doch zu Geltung und Wert: vereint ist auch der Schwache stark.

Der Wichtigkeit des Stimmrechtes entsprechend, das allerdings von den Aktionären, wie bereits erwähnt, häufig als ein Recht von verhältnismäßig untergeordneter Bedeutung angesehen wird, hat die moderne Aktiengesetzgebung eine eingehende Regelung hierüber getroffen.

Wie diese in dem Handelsgesetzbuch vom 10. Mai 1897 vorgenommen worden ist, soll im folgenden näher dargestellt werden.

Die historische Entwicklung des Stimmrechtes.[1]

Bei den ersten Gesellschaftsformen, die in ihrer Organisation von dem Prinzip der Aktie beherrscht waren, hatte das Recht des Aktionärs, soweit man überhaupt diesen Ausdruck auf die Gesellschafter anwenden will, lediglich einen vermögensrechtlichen Charakter: es erschöpfte sich in dem Anspruch auf die Dividende und die Rückgabe der Einlage nach Auflösung des Gesellschaftsverhältnisses.

Eine Teilnahme an der Verwaltung oder eine Einwirkung auf die Geschäftsführung kam den Aktionären nicht zu. So lagen die Verhältnisse bei der Niederländisch-Ostindischen Kompagnie, gegründet 1602, und bei der Niederländisch-Westindischen, gegründet 1621, die geradezu als typische Beispiele für die vollständige Rechtlosigkeit der Teilhaber, was die Verwaltung betrifft, gelten können.

Ähnlich war es auch bei den deutschen Aktiengesellschaften, die, in ihrer Organisation dem niederländischen Vorbild folgend, zu Ende des 17. und zu Anfang des 18. Jahrhunderts entstanden. Dazu kommt jedoch hier noch, daß die Gründungen vielfach auf die Initiative oder sogar auf das direkte Eingreifen des Landesherrn zurückzuführen waren: so die Neu-Guinea Kompagnie (1682), in der der Große Kurfürst ein Konkurrenzunternehmen gegen die Niederländisch-Ostindische Kompagnie zu schaffen suchte, und die Österreichisch-Orientalische Kompagnie (1719). In der Ära des Polizeistaates sah man eben in der Errichtung von großen Handelskompagnien ein hervorragendes Mittel, um die Zwecke der merkantilistischen Politik zu fördern.

Aus dem Geiste dieser Zeit heraus erklärt es sich auch, daß bei weitgehender Bevormundung der Gesellschaft in allen ihren Angelegenheiten durch die Staatsgewalt eine Teilnahme der Aktionäre an der Verwaltung unmöglich war.

Erst allmählich drang durch, daß wenigstens für die Hauptpartizipanten eine Mitwirkung bei den Gesellschaftsangelegenheiten vorgesehen wurde. Immerhin aber bedurfte es noch mannigfacher Kämpfe, bis auch den kleineren und schließlich allen Aktionären gesellschaftliche Herrschaftsrechte eingeräumt waren.

---

[1] Vgl. die historische Darstellung in Lehmann, Das Recht der Aktiengesellschaften. I. Bd. Berlin 1898.

In Deutschland ist der erste Versuch einer gesetzlichen Regelung des Aktiengesellschaftswesens in dem preußischen Gesetze über die Eisenbahnunternehmungen vom 3. November 1838 gemacht worden. Bestimmungen über die Verwaltungsrechte der Aktionäre finden sich jedoch hier nicht. Ihre Festsetzung wie überhaupt die Ordnung der meisten internen Angelegenheiten der Gesellschaft war dem Statut überlassen. Das Erfordernis der staatlichen Genehmigung garantierte die genügende Wahrung der Interessen der Aktionäre.

Im übrigen sind in den Statuten der damals bestehenden Aktiengesellschaften allenthalben bereits Anordnungen über das Recht der Anteilnahme der Aktionäre an der Generalversammlung enthalten. In dem Plan der Hamburgischen Assekuranz-Kompagnie,[1] gegründet 1779, wiederum erneuert 1834, ist z. B. folgende Bestimmung über die Vertretungsbefugnis und das Stimmrecht des Aktionärs anzutreffen (§ 26 des Planes):

„Zu den Allgemeinen Versammlungen ladet gewöhnlich der Bevollmächtigte; in besonderen Fällen der verwaltende Direktor einige Tage vorher ein.

„Wer sich in derselben nicht einfindet, muß sich die Beschlüsse der Mehrheit gefallen lassen und hat überdem als Abwesender in den Verhandlungen derselben keine Stimme.

„Vormünder können darin für ihre Mündel, Curatoren für ihre Curanden und Curandinnen; die Vorsteher einer Handlung für Die stimmen, deren Handlung sie führen.

„Wer nicht mehr als Fünf Aktien besitzt, hat Eine Stimme; wer über Fünf hat, Zwey; über Zehn Drey; über Fünfzehn Vier Stimmen."

Das preußische Gesetz über die Aktiengesellschaften vom 9. November 1843 ist das erste, das für die Verwaltungsrechte der Aktionäre eine Regelung vorsieht, wenn es auch selbst keine solche trifft. Nach § 2 muß der Gesellschaftsvertrag über die Form, in welcher die Zusammenberufung der Mitglieder erfolgt, sowie über die Art und Weise, wie das Stimmrecht von denselben ausgeübt wird, Bestimmungen treffen. Es war so wenigstens unmöglich gemacht, daß seitens der dirigierenden Organe der Gesellschaft in vollkommen willkürlicher oder formloser Weise Festsetzungen getroffen würden, die die Aktionäre benachteiligten.

Der Entwurf eines Handelsgesetzbuches für die Preußischen Staaten vom Jahre 1857, der auch der Nürnberger Konferenz vorgelegt wurde, regelte das Stimmrecht des Aktionärs folgendermaßen:

„Jede Aktie gewährt dem Inhaber eine Stimme, wenn nicht der Gesellschaftsvertrag ein Anderes festsetzt." (Art. 192 Abs. 2.)

---

[1]) Abgedruckt bei Meno Pöhls, Das Recht der Aktiengesellschaften, Hamburg 1842, S. 297 ff.

In dieser Fassung fand der Satz auch in das Allgemeine Deutsche Handelsgesetzbuch von 1861 Aufnahme. (Art. 224 Abs. 2.) Im übrigen war hier ebenfalls vorgeschrieben, daß über die Form, in welcher die Zusammenberufung der Aktionäre geschieht, die Bedingungen des Stimmrechtes der Aktionäre und die Form, in welcher dasselbe ausgeübt wird, der Gesellschaftsvertrag bestimmen müsse. (Art. 209 Ziffer 10 und 11.)

Welcher Art diese Bedingungen mitunter waren und mit welchen Schwierigkeiten noch um die Mitte des vorigen Jahrhunderts die Ausübung des Stimmrechtes seitens eines Aktionärs verbunden war, dafür geben folgende statutarische Anordnungen der Preußisch-Rheinischen Dampfschiffahrtsgesellschaft zu Cöln Zeugnis:[1])

„Auswärtige Aktionäre haben in Cöln ein Domizil zu wählen, wo ihnen die Generalversammlung angesagt wird. Diese Ansagen geschehen mittels eines Circulars. (Art. 26.)

Nur jene Aktionäre, welche 5 Aktien oder mehr auf ihren Namen eingeschrieben besitzen, sind befugt, an den Beratschlagungen der Generalversammlung teilzunehmen; jedoch hat kein Aktionär mehr als eine Stimme, die Zahl seiner Aktien möge noch so groß sein als sie immer wolle." (Art. 30.)

Die Aktiennovelle vom 11. Juni 1870 hat hinsichtlich der Betätigung der Mitgliedschaftsrechte durch den Aktionär neue Vorschriften nicht produziert, so bedeutungsvoll sie sonst durch die Abschaffung der staatlichen Genehmigung und Beaufsichtigung, sowie durch die Einführung des Normativsystems für die Entwicklung des Aktienrechts geworden ist.

Zu Anfang der 70er Jahre machte sich infolge der zahlreichen Mißbräuche, die auf dem Gebiete des Aktienwesens eingerissen waren und welche das durch die im Jahre 1873 eingetretene Krisis ohnehin schwer erschütterte Wirtschaftsleben noch mehr schädigten, allenthalben der Ruf nach Reformen geltend.

In den Parlamenten wurde diese Forderung insbesondere von dem Abgeordneten Lasker vertreten, der zuerst im Reichstage und dann im preußischen Landtage auf eine Umgestaltung des Aktienrechtes hinarbeitete. Auch in den Kreisen der Wissenschaft war man sich darüber einig, daß eine Änderung dringend geboten sei. Das geht insbesondere aus den „Gutachten" hervor, die auf Veranlassung der Eisenacher Versammlung zur Besprechung der sozialen Frage (12. und 13. Oktober 1873) von Wiener, Goldschmidt und Behrend über die „Reform des Aktiengesellschaftswesens" erstattet wurden.

Was die Geschäftsführung, insbesondere das Verfahren in den Generalversammlungen betrifft — und das interessiert ja

---

[1]) Abgedruckt bei **Weinhagen**, Das Recht der Aktiengesellschaften, Köln 1866, S. LIV ff.

hier hauptsächlich — so erkannte Goldschmidt folgende Tatsachen als alte Mißstände an:

„Die Gründer pflegen durch Ausbedingung von Stellen im Verwaltungsrat und Direktorium auf lange Zeit hinaus das Unternehmen ihren persönlichen Zwecken zum Schaden der Aktionäre dienstbar zu machen. Die Generalversammlungen sind selten zur Kontrolle der Geschäftsführung und zur Fassung geeigneter Beschlüsse befähigt, werden vielmehr schlechthin von den Leitern des Unternehmens beherrscht. Die Minorität ist der Willkür der Majorität wenigstens insoweit preisgegeben, als die häufig zufällige Mehrheit sich in statutarischen und gesetzlichen Grenzen bewegt. Soweit die Statuten durch Feststellung eines Maximalstimmrechtes die Inhaber zu schützen suchen, wird durch interimistische Scheinbewegungen dieser Schutz beseitigt.“

Trotzdem man allenthalben über die Notwendigkeit einer Reform einverstanden war, mochte die Reichsregierung sich zu einer sofortigen Inangriffnahme eines neuen Aktiengesetzes nicht entschließen. Denn die Verhältnisse waren noch zu wenig geklärt und der Widerstreit der Meinungen tobte noch zu heftig, als daß man leidenschaftslos und vorurteilsfrei an eine derartige Arbeit hätte herantreten können.

Erst am 7. September 1883 wurde dem Bundesrat ein Entwurf[1]) vorgelegt, der einer Reform die Wege bahnen sollte. Es drang in ihm insbesondere auch das Bestreben durch, in der Organisation der Verwaltung und der Kontrolle der Aktiengesellschaft eine Besserung herbeizuführen.

Vorstand, Aufsichtsrat und Generalversammlung sollten in ihren Funktionen gegeneinander sicherer abgegrenzt und von unberechtigten Einflüssen befreit werden. Ebenso sollte eine lebendigere Teilnahme und Kontrolle des Einzelaktionärs bezüglich der Vorgänge in der Generalversammlung herbeigeführt werden.[2])

Demgemäß bestimmte der Entwurf in Art. 190 bzw. Art. 224, daß jede Aktie dem Inhaber eine Stimme gewähren müsse und daß das Stimmrecht nach Aktienbeträgen auszuüben sei. Um zu verhüten, daß von einem Aktionär über den im Gesellschaftsvertrag bestimmten Höchstbetrag hinaus das Stimmrecht durch andere Personen geltend gemacht werde, wurde zur Prüfung der Legitimation desjenigen, der als Vertreter eines anderen in der Generalversammlung auftreten will, schriftliche Form der Vollmacht vorgeschrieben.[3])

Anderseits war das Bestreben vorhanden, durch entsprechende Strafvorschriften einer Fälschung des Mehrheitswillens tunlichst vorzubeugen. (Art. 249 ff.)

---

[1]) **Entwurf eines Gesetzes betr. die Kommanditgesellschaften auf Aktien und die Aktiengesellschaften nebst Begründung und Anlage. Heymanns Verlag, Berlin 1883 (in der Folge als „Heymann Entwurf“ zitiert).**

[2]) Heymann, Entwurf S. 89/90.

[3]) A. a. O. S. 232.

Alle diese Bestimmungen sind denn auch in das Gesetz vom 18. Juni 1884 übergegangen und bestehen heute noch.

Die Einführung des Bürgerlichen Gesetzbuches machte zwar eine Revision des Handelsgesetzbuches nötig, allein für das Aktienrecht kamen grundsätzliche Änderungen nicht in Frage.[1]) Äußerlich war eine andere redaktionelle Anordnung in der Einteilung vorgesehen, insofern die Bestimmungen über die Kommanditgesellschaft auf Aktien, die ihre Stellung im HGB. bisher im 2. Abschnitt des 2. Titels vor der Aktiengesellschaft gehabt hatten, nunmehr hinter diese eingereiht wurden. Während früher bei der Aktiengesellschaft zur Ergänzung der Vorschriften auf die bei der Kommanditgesellschaft auf Aktien geltenden Regeln verwiesen wurde, ist jetzt die Analogie eine umgekehrte. (cf. § 320 HGB.)

Im übrigen betrafen die Änderungen, die das Handelsgesetzbuch für das Aktienrecht mit sich brachte, meist Bestimmungen formeller Natur. Ihr Wesen läßt sich in großen Zügen dahin kennzeichnen, daß sie die Grenzen des Selbstbestimmungsrechtes der Gesellschaften verrückt haben, in dem sie einesteils Beschränkungen, anderenteils auch Erweiterungen ihrer Autonomie in sich schließen.[2])

Die Vorschriften über das Stimmrecht blieben so ziemlich unverändert (§ 252 HGB.). Nur erfuhren sie eine präzise Erläuterung durch den Zusatz, daß für die Vollmacht die schriftliche Form „genügend" ist.

Neu sind u. a. die Anordnungen über die Ausübung des Stimmrechtes bei einer Mitberechtigung mehrerer an einer Aktie (§ 225 HGB.) und die Regelung der Anmeldung zur Teilnahme an der Generalversammlung in § 255 Abs. 3, ebenso auch die Bestimmungen der §§ 256 Abs. 1 S. 2, 257, 258, 259 Abs. 2 bis 4 HGB.

I. Teil.

Das Stimmrecht.

1. Die gesetzlichen Bestimmungen über das Stimmrecht; seine Abgrenzung gegenüber dem Teilnahmerecht.

Das Stimmrecht des Aktionärs in der Generalversammlung ist der dem Mitglied einer Aktiengesellschaft oder Kommanditgesellschaft auf Aktien zustehende, weder durch eine Anordnung

---

[1]) Vgl. Hahn, Die gesamten Materialien zum Handelsgesetzbuch, Berlin 1897, S. 288 (weiter zitiert als „Hahn, Materialien").

[2]) Riesenfeld, Der Einfluß des neuen Aktienrechts auf die Statuten der bestehenden Gesellschaften, Berlin 1899, S. 3.

des Statutes noch der Generalversammlung entziehbare Anspruch, auf die Angelegenheiten der Gesellschaft, insbesondere auf die Führung der Geschäfte, durch Teilnahme an der Beschlußfassung in der Generalversammlung mitbestimmend einzuwirken, soweit nicht gesetzliche oder vom Gesetz gebilligte statutarische Ausschließungsgründe bestehen.

Die gesetzlichen Bestimmungen über das Stimmrecht finden sich in § 252 HGB. so ziemlich zusammenfassend aufgeführt. Wie eine große Anzahl von Vorschriften des Aktienrechtes haben auch sie vielfach einen absoluten Charakter, der eine anderweitige Regelung durch den Gesellschaftsvertrag ausschließt. Nur für Maximalbeschränkungen und Abstufungen des Stimmrechtes, sowie für Festsetzungen der Bedingungen und Form seiner Ausübung ist der statutarischen Anordnung Raum gegeben.

Im übrigen ist es wie früher nicht mehr erforderlich, daß in den Inhalt des Gesellschaftsvertrages Modalitäten des Stimmrechts aufgenommen werden. Es ist das in das Belieben der Gründer gestellt. Nur über die Form, in der die Berufung der Generalversammlung geschieht, muß bei Vermeidung der Nichtigkeit des Statutes und bei Gefahr der Zurückweisung der Eintragung durch den Registerrichter eine Bestimmung getroffen werden. (§ 182 Abs. 2 Z. 5 HGB.) Immerhin aber wird es sich empfehlen, schon um Zweifel zu vermeiden und unfruchtbare Streitigkeiten inner- und außerhalb der Generalversammlung hintanzuhalten, im Gesellschaftsvertrag eine möglichst eingehende Regelung dieser Materie vorzunehmen.

Verschieden von dem Stimmrecht ist das Teilnahmerecht des Aktionärs an der Generalversammlung. Das Gesetz selbst gibt über letzteres keinen näheren Aufschluß; es gebraucht den Ausdruck „Teilnahme an der Generalversammlung" an einer einzigen Stelle, nämlich in § 255 Abs. 3 und hier ist offenbar, wenn man den Zusammenhang von Abs. 2 und Abs. 3 ins Auge faßt, nur die Ausübung des Stimmrechtes verstanden.

An und für sich ist das Teilnahmerecht gegenüber dem Stimmrecht der umfassendere Begriff, insoferne letzteres eine der in ersterem enthaltenen Befugnisse ist. Jedoch sind beide voneinander vollkommen unabhängig:

Aktionäre, denen das Stimmrecht entzogen ist, können immerhin an der Generalversammlung teilnehmen und dort mitdiskutieren, Anträge stellen und widersprechen, um auf Grund des Widerspruches das Anfechtungsrecht sich zu verschaffen. Es folgt das aus dem Teilnahmerecht jedes Aktionärs an den Angelegenheiten der Gesellschaft.[1])

„Die Ausschließung kommt," wie Löwenfeld sagt, „soferne die Teilnahme an der ordentlichen Generalversammlung versagt

[1]) Entsch. d. RG. v. 9. I. 1897, abgedruckt in der Jur. Wochenschrift Jahrg. 1897 S. 112 Nr. 28.

wird, wegen der zu erstattenden Rechenschaft einem Gewaltakte gleich. Der Anspruch eines Vollmachtgebers auf Rechenschaftslegung ist so essentiell, daß ihm selbst durch Vertrag nicht sollte gültig entsagt werden können."[1])

Von letzterer Annahme gehen wohl auch die Bestimmungen des § 716 Abs. 2 BGB. und § 118 Abs. 2 HGB. aus.

Im allgemeinen folgt das Teilnahmerecht denselben Rechtsregeln wie das Stimmrecht: d. h. was für die Ausübung des Stimmrechts gesetzlich festgelegt ist oder durch das Statut rechtswirksam angeordnet werden kann, das darf auch auf die Geltendmachung des Teilnahmerechts übertragen werden; statutarische Beschränkungen des Stimmrechtes aber gelangen auf die Teilnahmebefugnis nur dann zur Anwendung, wenn das ausdrücklich im Gesellschaftsvertrag bestimmt ist.[2])

Die Anwesenheit in der Generalversammlung kann durch das Statut oder durch einen Beschluß der Versammlung oder mit Erlaubnis des Vorsitzenden auch solchen Personen gestattet werden, die Nichtaktionäre sind. Es kommen da in Betracht Vertreter der Presse und der Handelsbehörden, kaufmännische und technische Sachverständige, Rechtsbeistände von Aktionären usw. Ein Recht in der Generalversammlung zu erscheinen und sich dort an den Beratungen zu beteiligen, hat nach dem Schuldverschreibungsgesetz der Gläubigervertreter. (§ 15 d. Ges., betr. die gemeinsamen Rechte der Besitzer von Schuldverschreibungen.) Eine noch weitergehende Befugnis ist im Gesetze über die privaten Versicherungsunternehmungen der staatlichen Aufsichtsbehörde, bzw. deren Vertretern eingeräumt, die sogar die Berufung von Mitglieder-Versammlungen, sowie die Ankündigung von Gegenständen zur Beratung und Beschlußfassung verlangen und nötigenfalls selbst vornehmen können. (§ 65 Abs. 3 d. Ges.) In ähnlicher Weise ist auch bei einer Hypothekenbank die staatliche Aufsichtsbehörde oder der von ihr bestellte Kommissär befugt, in den Generalversammlungen sich einzufinden, die Berufung der Generalversammlung sowie die Ankündigung von Gegenständen zur Beschlußfassung zu verlangen und wenn dem Verlangen nicht entsprochen wird, die Berufung oder Ankündigung auf Kosten der Bank selbst vorzunehmen. (§ 4 Abs. 2 Z. 3 des Hypothekenbankgesetzes vom 13. Juli 1899.)

2. Die Stimmberechtigung.

a) Die Verbindung des Stimmrechtes mit dem Aktienrecht.

„Jede Aktie gewährt das Stimmrecht." (§ 252 Abs. 1 S. 1 HGB.)

---

[1]) Löwenfeld a. a. O. S. 292.

[2]) Staub, Kommentar zum Handelsgesetzbuch, Berlin 1900, Bd. I § 252 Anm. 21 ff.

Dieser Satz enthält zwei Bestimmungen, die als Fundamentalregeln des Stimmrechtes bezeichnet werden dürfen: einmal ist das Stimmrecht an die „Aktie" geknüpft und sodann ist auch mit jeder „Aktie" eine Stimme verbunden.

Nachdem somit der Begriff der „Aktie" als Ausgangspunkt in der Stimmrechtsfrage zu wählen ist, erübrigt es zunächst festzustellen, welche von den dreierlei Bedeutungen des Wortes „Aktie" hier anzunehmen ist. Daß nicht die Aktie als „ein bestimmter Teil des in eine Anzahl Teile zerlegten Grundkapitals einer Gesellschaft"[1]) verstanden sein kann, liegt nach der Fassung des § 252 HGB. (insbesondere Abs. 1 S. 3 und 4) auf der Hand. Ebensowenig ist die „Aktienurkunde" gemeint; denn das Stimmrecht ist nicht von einer Verbriefung der Mitgliedschaft abhängig, wenn auch diese die Regel ist. Unter der Bezeichnung „Aktie" ist vielmehr auf die durch die Übernahme einer Quote des Grundkapitals erworbene Stellung des Mitgliedes einer Aktiengesellschaft, auf das „Aktienrecht", hingewiesen.

Das Stimmrecht ist dadurch in engste Verbindung mit der Aktionäreigenschaft gebracht, und zwar so sehr, daß da, wo ein Aktienrecht nicht besteht, auch ein Stimmrecht nicht vorhanden ist.

Tatsächlich fällt auch der Moment der Existenz des Stimmrechtes mit der definitiven Übernahme einer Quote des Grundkapitals, also mit der Entstehung des Aktienrechtes zusammen. Es ist das bei der Simultangründung der Zeitpunkt, in dem die Gründer alle Aktien übernommen haben (§ 188 HGB.) und bei der Sukzessivgründung der Zeitpunkt, wo die Annahme der Zeichnungsofferte seitens der Gründer dem Zeichner zugeht und er von der Zuteilung der Aktien Kenntnis erhält. Von diesem Augenblick an kann der Gründer Aktionärrechte ausüben; ebenso ist der Zeichner berechtigt, zu verlangen, daß er als Mitglied der Gesellschaft betrachtet und Aktionär wird, falls die Generalversammlung die Konstituierung beschließt.[2]) Zugleich kommt auch jedem von beiden von da an ein Stimmrecht zu, das sich zunächst darin äußert, bei den Wahlen des ersten Aufsichtsrates und des Vorstandes mitzuwirken. (§ 190 HGB.)

Aber auch die Frage nach der Berechtigung zum Stimmen findet ihre Entscheidung mit der Frage nach dem Rechte aus der Aktie überhaupt. Da nun dieses regelmäßig seinen Ausdruck in einer Urkunde gefunden hat, und zwar derart, daß die Geltendmachung des verbrieften Rechtes an das Papier geknüpft ist und die Übertragung des Papieres den Übergang des Rechtes bedeutet, so ist für die Übertragung und Ausübung des Stimmrechtes die Rechtseigenart jener Urkunde in Betracht zu ziehen. Es ist hiebei

---

[1]) Renaud, Das Recht der Aktiengesellschaften, Leipzig 1875, S. 90.
[2]) Pinner, Das deutsche Aktienrecht Berlin 1899, § 189 II, 4.

prinzipiell davon auszugehen, daß der Eigentümer der Aktienurkunde der in der Generalversammlung Stimmberechtigte ist.[1])

Das gilt sowohl für die Namensaktie wie für die Inhaberaktie. Nur sind die sachenrechtlichen Grundsätze, die für den Eigentumserwerb bestehen, verschieden.

b) Das Stimmrecht bei der Namensaktie.

Eigentum an einer Namensaktie kann auf verschiedene Weise erlangt werden: regelmäßige Erwerbsgründe sind Indossament und Zession. Daneben kommen auch als solche Erbgang, rechtsgültige Verpfändung und Überweisung, sowie Fusion zweier Aktiengesellschaften in Betracht. Eine Übertragung der Mitgliedschaft durch formlose Übergabe der Namensaktie findet nicht statt, da diese selbst in ihrer Papierverkörperung nicht Sache ist und ein Satz, wonach das durch ein Namenspapier verkörperte Recht nach sachenrechtlichen Grundsätzen übergeht, im Bürgerlichen Gesetzbuch nicht enthalten ist.[2])

Eine gesetzliche Regelung hat von den Übertragungsformen nur das Indossament erfahren. Dieses ist zulässig entweder als Namens- oder als Blankoindossament; es ist auf die Aktie selbst oder auf ein mit ihr verbundenes Blatt zu setzen. In materiellrechtlicher Beziehung finden im Gegensatz zu früher die Vorschriften über die Legitimation des Besitzers und den guten Glauben des Erwerbers jetzt ebenfalls Anwendung. (§ 222 Abs. 3 HGB.) Die Übertragung vinkulierter Namensaktien (§ 180 Abs. 3 HGB.) kann nur unter Zustimmung des Aufsichtsrates und der Generalversammlung mittels einer die Person des Erwerbers bezeichnenden, gerichtlich oder notariell beglaubigten Erklärung erfolgen. (§ 222 Abs. 4 HGB.) Fehlt die ausdrückliche Genehmigung dieser beiden Gesellschaftsorgane, so bleibt die Übertragung wirkungslos.[3])

Außer der Beobachtung der Übertragungsform ist auch der Besitz der Aktienurkunde für den Eigentumsübergang wesentlich; diese muß dem Erwerber übergeben werden. Es gilt das sowohl beim Indossament als auch bei der Zession: denn die Namensaktie ist ein Wertpapier; sie ist nicht eine bloße Beweisurkunde, sondern Träger des in ihr verbrieften Rechtes, so daß zur Übertragung des Rechtes die Übergabe der Urkunde erforderlich ist.[4]) Es folgt

---

[1]) Simon, Die Vertretung eigener und fremder Aktien in Generalversammlungen, in der Festgabe für Richard Wilke, Berlin 1900, S. 261 cf. Anm. 13.

[2]) Lehmann-Ring, Das Handelsgesetzbuch für das Deutsche Reich, I. Bd. Berlin 1902 (Das Aktienrecht bearbeitet von Ring), § 222 Nr. 3.

[3]) Entsch. d. RG. v. 28. I. 1898 in Bauers Zeitschrift für Aktiengesellschaften Jahrg. 1898 S. 173.

[4]) Vgl. Staub a. a. O. § 222 Anm. 5. Jacobi, Die Wertpapiere im Bürgerlichen Recht, Jena 1901, S. 353 Anm. 3. Goldmann, Das Handelsgesetzbuch vom 10. Mai 1897, Berlin 1905, II. Bd. § 179 Ziff. 16, § 222 Ziff. 9.

hier das Recht aus der Urkunde dem Rechte an der Urkunde, ganz im Gegensatze zu § 952 BGB. Weiters muß ein Begebungsvertrag vorliegen; es ist die Absicht erforderlich, wirklich Eigentum zu übertragen und zu erwerben. Fehlt diese, so ist ein Eigentumsübergang nicht erfolgt. Ein Indossament oder eine Zession kann in einem solchen Falle nur den Sinn haben, dem Indossatar oder Zessionar die Stellung eines Eigentümers nach außen hin einzuräumen, ihn der Gesellschaft oder Dritten gegenüber als solchen zu legitimieren. Der Indossant oder Zedent begibt sich nicht des Aktienrechtes, der Mitgliedschaft, sondern nur des Rechtsausweises hiefür, und zwar zu dem Zwecke, damit der Indossatar oder Zessionar die Rechte aus der Aktie in eigenem Namen, aber für seine, des Eigentümers Rechnung, ausübe. Dieses Rechtsverhältnis ist nach dem Vorgang von Staub allgemein in der Wissenschaft als Legitimationsübertragung (cessio in legitimationem) bezeichnet worden.

Die Zulässigkeit einer derartigen Scheinabtretung eines Rechtes, auch des Aktienrechtes, ist so ziemlich unbestritten. Die Rechtsordnung darf einem darauf gerichteten Parteiwillen die Anerkennung nicht versagen und insbesondere dem Sukzessor nicht mehr Rechte einräumen, als er nach der Absicht der Vertragskontrahenten tatsächlich erhalten sollte. Es hat das auch die Rechtsprechung des Reichsgerichtes, die von Staub [1]) in seinem Kommentar zusammengestellt ist und der nur noch eine Entscheidung des Reichsgerichts vom 17. Mai 1881 [2]) hinzugefügt sei, stets berücksichtigt, wenigstens nach altem Recht.

Allein es ist kein Grund ersichtlich, warum dieses Rechtsinstitut nach dem BGB., das allerdings dessen nicht erwähnt, unzulässig sein soll.

Wer nach den oben dargelegten Grundsätzen Eigentum an einer Namensaktie erlangt hat, ist damit nicht ohne weiteres schon befähigt, seine Aktionärrechte, insbesondere sein Stimmrecht, auszuüben. Damit der Erwerber auch im Verhältnis zur Gesellschaft als Aktionär gilt, muß er unter Vorlage der Aktie und des Nachweises des Überganges diesen bei ihr anmelden und die Umschreibung im Aktienbuch bewirken lassen. (§ 223 HGB.)

Die Vornahme der Anmeldung obliegt dem Erwerber. Er hat ein Recht darauf, daß der Übergang der Aktie auf ihn im Aktienbuche eingetragen wird, und er kann das im Wege der Klage erzwingen, vorausgesetzt natürlich, daß er die Ordnungsmäßigkeit seiner Rechtsnachfolge nachweist.

---

[1]) Staub a. a. O. § 222 Anm. 15.

[2]) Abgedruckt in Seufferts Blätter für Rechtsanwendung, Ergänzungsband 4 (1885) S. 12. Hier ist sogar für die Namensaktie ausgeführt, daß das Indossament die Rechtswirkung der Eigentumsübertragung nur dann hat, wenn der Vertragswille der Interessenten darauf gerichtet ist.

Die Gesellschaft hat nämlich eine gewisse Prüfungsbefugnis: sie muß darauf Bedacht nehmen, ob der Veräußerer ein formelles Recht zur Übertragung hatte, ob ihn insbesondere hiezu die Indossamente legitimieren, ob deren Zusammenhang nicht unterbrochen ist, ob wirklich ein Indossament vorliegt usw. Eine Prüfung der Echtheit der auf der Aktie befindlichen Indossamente ist ihr im Gegenteil zu früher, wo das sehr umstritten war,[1]) jetzt erlassen. (§ 224 Abs. 2 HGB.)

Zweifellos ist jedoch die Gesellschaft dazu berechtigt. Es ist das aus der Fassung sowie insbesondere aus der Tendenz des Gesetzes, die dahin geht, dem wahren Willen der Generalversammlung in allem Geltung zu verschaffen, zu entnehmen.

Ebenso ist eine Würdigung des der Abtretung des Aktienrechtes zugrunde liegenden Kausalgeschäftes ihr nicht zur Pflicht gemacht. Denn ihre Aufgabe beschränkt sich darauf, lediglich die Tatsache des äußerlichen Übergangs der Aktie auf eine andere Person, nicht des Eigentumsüberganges — wie das vormals der Art. 183 erfordert hatte — zu prüfen. Ja, sie kann sogar darauf gar nicht einmal zurückgehen, daß die Übertragung nur zum Scheine und in der Absicht, dem Sukzessor bloß die Legitimation, nicht aber das Recht zu verschaffen, vorgenommen worden ist: sie muß den Übertragungsakt selbst dann gegen sich gelten lassen, wenn er als reine Legitimationsübertragung sich darstellt.[2]) Diese Ansicht wird allerdings von Ring [3]) bestritten, insoferne dieser annimmt, daß die Gesellschaft an sich den dinglichen Vertrag bemängeln, insbesondere geltend machen kann, daß laut Willenseinigung des Veräußerers und Erwerbers nur formeller Rechtsausweis geschaffen sein und die Mitgliedschaft bei dem Veräußerer bleiben solle; jedoch dürfe sie das nicht chikanös tun. Im übrigen kommt beides in Wirklichkeit so ziemlich auf das gleiche hinaus. Denn die Legitimationsübertragung versagt in solchen Fällen, wo der wahre Aktionär ein Recht nicht hat. Hier kann die Gesellschaft dann aus dem Abtretungsverhältnis Einwendungen herleiten.[4]) Nach der Umschreibung darf die Gesellschaft den Einwand, daß Eigentum nicht übergegangen ist, erst recht nicht gebrauchen, ihr gegenüber ist durch die Tatsache der Eintragung der Übergang perfekt geworden.[5])

Die Eintragung selbst ist für die Frage des Eigentumsüberganges an der Aktie vollständig belanglos. Insbesondere hat sie weder die Bedeutung einer Beurkundung noch konstitutive Wirkung.

---

[1]) Vgl. z. B Anschütz-Völderndorf, Kommentar zum Allgemeinen Deutschen Handelsgesetzbuch, Erlangen 1870, 2. Abt. S. 444 Anm. 1.

[2]) Staub a. a. O. § 223 Anm. 1.

[3]) Lehmann-Ring a. a. O. § 223 Nr. 4.

[4]) Vgl. hierüber unten S. 60.

[5]) Entsch. d. RG. v. 23. Nov. 1892, abgedruckt in Bauers Zeitschrift für Aktiengesellschaften, Jahrg. 1898 S. 126.

Lediglich für die Ausübung der Aktionärrechte ist die Eintragung Voraussetzung und insoweit besteht auch ein — allerdings indirekter — Zwang hiezu. Denn der Eingetragene gilt der Gesellschaft gegenüber, solange er im Aktienbuche verzeichnet ist, als Aktionär ohne Rücksicht darauf, ob er wirklich der Eigentümer ist oder nicht.

Der eingetragene Aktionär ist allein zur Stimmabgabe in der Generalversammlung berechtigt, und zwar ist der Gesellschaft nicht bloß die Befugnis anheim gegeben, dem Eigentümer der Aktie, der nicht im Aktienbuch vermerkt ist, die Ausübung der Mitgliedschaftsrechte zu verweigern; sie ist vielmehr verpflichtet, in dieser Weise zu verfahren, so daß die Teilnahme eines nicht eingetragenen Aktienbesitzers an der Generalversammlung zur Anfechtung der gefaßten Beschlüsse führen würde.[1]) Unrichtig ist darum insbesondere eine Entscheidung des Oberlandesgerichts Dresden vom 27. Februar 1886,[2]) die besagt, daß für das Stimmrecht in der Generalversammlung der bloße Besitz der Aktie genüge, wenn die anwesenden Aktionäre dagegen keine Erinnerung erheben. Es ist hiebei in der Begründung davon ausgegangen, daß der Art. 182 Abs. 2a HGB. (jetzt § 223 Abs. 3) eine wider den Willen der Beteiligten anzuwendende Vorschrift nicht enthalte und auf eine Entscheidung des ROHG. Bd. 23 Nr. 34 S. 98 Bezug genommen, wo der auf Bezahlung des Kaufpreises für gelieferte Rüben klagenden Witwe des Aktionärs gegenüber dem Einwand, daß sie nicht im Aktienbuche eingetragen sei, die Replik gestattet wurde, daß die Gesellschaft, ohne die Legitimation zu bemängeln, von ihr die Rübenlieferung angenommen habe. Die Einfügung des Wörtchens „nur" in den Absatz 3 des § 224 HGB. spricht jedoch mit aller Bestimmtheit dagegen, daß der Rechtsnachweis auch in anderer Weise als durch das Aktienbuch geführt werden kann.[3])

Demnach kann auch von Seite der Gesellschaft ein Einwand nicht darauf gestützt werden, daß die Eintragung im Aktienbuch mit der tatsächlichen Rechtslage in Widerspruch stehe, daß etwa der im Aktienbuch Vermerkte in Wirklichkeit nicht oder nicht mehr der Eigentümer der Aktie sei. Es ist Sache des Erwerbers, wenn er den Veräußerer noch im Besitze der Legitimation eines Aktionärs beläßt und für die Umschreibung nicht Sorge trifft. Ja er mag unter Umständen sogar ein gewisses Interesse daran haben. Im übrigen ist der Grund, warum eine Eintragung des Sukzessors nicht erfolgt, vollkommen bedeutungslos. Es ist gleichgültig, ob die Aktie deswegen nicht umgeschrieben ist, weil der Aktionär aus

---

[1]) Hahn a. a. O. S. 303.

[2]) Abgedruckt im Auszug in Goldschmidts Zeitschrift für das gesamte Handelsrecht Bd. 35 S. 237 aus den Annalen des k. sächsischen Oberlandesgerichtes, Jahrg. 1887 S. 420.

[3]) Staub a. a. O. § 223 Anm. 4. Pinner a. a. O. § 223 II, 2, vgl. insbesondere die dort zusammengestellte Rechtsprechung; a. M. Behrend, Lehrbuch des Handelsrechtes, Berlin 1896, I, 2 S. 809.

Lässigkeit oder Unachtsamkeit die Umschreibung unterlassen hat oder weil ein Dritter die zu ihrer Vornahme erforderlichen Papiere besitzt und deren Herausgabe verweigert.[1])

Da der Eingetragene Aktionär aus eigenem Rechte wird,[2]) so ist auch die Möglichkeit genommen, ihm Einwendungen aus der Person seines Vorgängers entgegen zu halten.

Recht und Rechtsausweis können also bei der Namensaktie verschiedenen Personen zustehen: und zwar bedeutet dann für die Ausübung der Aktionärrechte, insbesondere des Stimmrechtes, die formelle Legitimation alles, das materielle Recht nichts; der eingetragene Nichteigentümer hat das Stimmrecht, selbst wenn er keine Aktien besitzt, dem nicht eingetragenen Eigentümer dagegen fehlt es, selbst wenn er in der Generalversammlung solche vorweist.

Ein ähnlicher Dualismus zwischen Berechtigung und buchmäßiger Legitimation besteht bei der Veräußerung eines Geschäftsanteiles in einer Gesellschaft mit beschränkter Haftung. Nach § 16 des Gesetzes gilt im Falle der Veräußerung des Geschäftsanteiles der Gesellschaft gegenüber nur derjenige als Erwerber, dessen Erwerb unter Nachweis des Überganges bei ihr angemeldet ist.

Auch das bayerische Berggesetz (vom 20. März 1869 in der Fassung vom 20. Juli 1900) enthält in Art. 128 eine Bestimmung ähnlicher Art:

Wer im Gewerkenbuche als Eigentümer der Kuxe verzeichnet ist, wird der Gewerkschaft gegenüber bei Ausübung seiner Rechte als solcher angesehen.

c) Das Stimmrecht bei Inhaberaktien.

Für das Institut der Inhaberaktie bestehen weder im Bürgerlichen Gesetzbuch noch im Handelsgesetzbuch spezielle Rechtsregeln. Dies hebt auch die Denkschrift zum Entwurf des Handelsgesetzbuches von 1897 ausdrücklich hervor, indem sie bemerkt:[3])

„Das Handelsgesetzbuch enthält keine besonderen Vorschriften über Inhaberaktien und auch der Entwurf hat hievon abgesehen. Die Bestimmungen der §§ 793—803 BGB. haben allerdings nur die Schuldverschreibungen auf Inhaber zum Gegenstande. Soweit sie indessen Fragen regeln, welche die Natur des Inhaberpapieres überhaupt betreffen, werden sie für alle Inhaberpapiere Anwendung finden."

Damit ist aber lediglich auf die obligationenrechtlichen Verhältnisse Bezug genommen. Denn diese eben angeführten Vorschriften ordnen, wie schon die Einräumung des Titels „Schuldverschreibungen auf den Inhaber" in das Recht der Schuldver-

---

[1]) Simon a. a. O. S. 268.
[2]) RG. Bd. 3 S. 163.
[3]) Hahn, Materialien S. 303.

hältnisse des BGB. beweist, lediglich die Beziehungen zwischen dem aus der Urkunde Berechtigten und Verpflichteten. Es ist jedoch anzunehmen, daß auch im übrigen die Inhaberaktien denselben Regeln folgen wie die Inhaberpapiere überhaupt, daß sie insbesondere nach dem neuen bürgerlichen Recht wie diese als Sachen zu behandeln sind. Das Gesetz selbst spricht letzteres von den Inhaberpapieren nicht direkt aus, jedoch geht es aus dem Inhalt einer ganzen Anzahl von Vorschriften — z. B. §§ 935, 1007, 1293 BGB. — zwingend hervor.

Eigentum an einer Inhaberaktie wird demnach erworben wie an einer gewöhnlichen Sache, also durch Übereignungsvertrag und Übergabe. Diese kann ersetzt werden durch brevi manu traditio, durch constitutum possessorium oder durch Abtretung des dem Veräußerer gegen einen Dritten zustehenden Herausgabeanspruches. (§§ 929 ff. BGB.)

Das Eigentum geht ferner auch dann über, wenn die Veräußerung von einem Nichteigentümer an einen gutgläubigen Erwerber erfolgte. Jedoch muß bei der brevi manu traditio letzterer den Besitz der Aktie von dem Veräußerer erlangt haben und bei dem constitutum possessorium muß die Aktie ihm von diesem übergeben worden sein. Wird lediglich der Herausgabeanspruch abgetreten, so kommt es darauf an, ob der Veräußerer mittelbarer Besitzer der Aktie war oder nicht. Im ersteren Falle erwirbt er Eigentum schon mit der Vindikationszession, im zweiten dann, wenn er den Besitz der Aktie von dem Dritten erlangt. (§§ 932, 933 BGB.) Ja sogar, wenn die Inhaberaktie dem Eigentümer gestohlen worden, verloren gegangen oder sonst abhanden gekommen ist, wird der gute Glaube des Erwerbers geschützt (§ 935 BGB.)

Eine Einschränkung macht für Bankiers und Geldwechsler nur die Vorschrift des § 367 HGB. Hervorzuheben ist noch der Eigentumserwerb unter den Voraussetzungen des § 366 Abs. 1 HGB.

Wer nun nach diesen Bestimmungen Eigentum an einer Inhaberaktie erworben hat, ist materiell befugt, die verbrieften Aktienrechte geltend zu machen. Es ergibt sich das als Folge des aus der allgemeinen Natur der Inhaberpapiere hervorgehenden und deshalb auch für die Inhaberaktien einschlägigen Grundsatzes, daß das Recht aus dem Papier dem Eigentümer zusteht.[1]) Bei der Redaktion des § 793 BGB. wurde jedoch eine das uneingeschränkt zum Ausdruck bringende Formulierung nicht gewählt, weil das einerseits mit der historischen Entwicklung der Inhaberklausel in Widerspruch gestanden wäre und weil anderseits auch deren prak-

---

[1]) Vgl. Amtliche Ausgabe der Protokolle der Kommission für die zweite Lesung des Bürgerlichen Gesetzbuch, Bd. II S. 527 ff.: „Das Gläubigerrecht steht grundsätzlich nur dem Eigentümer zu.“ Endemann, Lehrbuch des Bürgerlichen Rechtes, Berlin 1897, Bd. I S. 883. Planck, Bürgerliches Gesetzbuch nebst Einführungsgesetz, Berlin 1900, Bd. II S. 545.

tische Bedeutung erheblich vermindert würde. Man legte daher bei der Fassung das Gewicht auf die Tatsache der Verfügungsberechtigung über die Urkunde und räumte das Forderungsrecht nicht nur dem Eigentümer, sondern schon dem ein, der bloß „zur Verfügung berechtigt" ist. (§ 793 Abs. 1 S. 1 BGB.) Überhaupt ist die Frage nach dem Eigentum für die Rechtsausübung im allgemeinen gleichgültig.

Es genügt schon die Tatsache des bloßen Besitzes der Aktie, um das in ihr verkörperte Recht geltend zu machen und das Stimmrecht zu beanspruchen. Denn der Gesellschaft gegenüber ist derjenige als Aktionär legitimiert, der Inhaber der Urkunde ist. Sie ist nicht befugt, einen weitern Nachweis der Legitimation als den Besitz des Papieres zu verlangen. Insbesondere beraubt den Aktionär das Bestreiten seines Eigentums noch keineswegs seines Rechts; ebensowenig wird er durch die Behauptung der mangelnden Verfügungsmacht gezwungen, seine Rechtsposition klarzustellen oder eine Vollmacht beizubringen.

Es streitet, wie Thöl in seiner Darstellung über die „Papiere auf den Inhaber" [1]) sich ausdrückt, für den vom Besitzer behaupteten Legitimationsgrund die Vermutung: „Mithin wird vermutet, daß er Gläubiger oder Mandatar des Gläubigers ist, je nachdem er jenes oder dieses zu sein behauptet. Er ist aber nicht verpflichtet, irgend eines der möglichen Verhältnisse als das wirkliche zu behaupten und auf eine Frage nach dem wirklichen Verhältnis, welche außerhalb des Prozesses eine unberechtigte Neugierde ist, Rede und Antwort zu stehen. Daraus folgt ferner: wenn der Besitzer keinen bestimmten Legitimationsgrund behauptet, sondern darüber schweigen will, was er darf, so geht die Vermutung im allgemeinen dahin, daß dem Besitz irgend eines der möglichen und zur Geltendmachung und Übertragung der Forderung berechtigenden Verhältnisse unterliegt."

Der Inhaber einer Urkunde ist nach der Fassung des Gesetzes („es sei denn daß" § 793 Abs. 1 S. 1 Halbs. 2 BGB.) bis zum Nachweis der fehlenden Verfügungsmacht als Berechtigter legitimiert. Wenn also die Gesellschaft den Inhaber einer Aktie nicht als Aktionär anerkennen will, so obliegt es ihr, darzutun, daß er entweder bösgläubiger Erwerber der Aktie ist oder daß ein Rechtsverhältnis nicht besteht, zufolgedessen dem Inhaber eine von dem Eigentümer ausgehende Verfügungsmacht zukommt, oder daß dieser die Aktienrechte wider den Willen des Eigentümers ausübt. Denn die Inhabung der Urkunde verschafft nicht Aktionäreigenschaft, die ausschließlich dem Eigentümer zukommt, sondern nur die Legitimation als Aktionär, die aber durch den Beweis des Nichtrechtes verloren geht.[2])

---

[1]) Thöl, Das Handelsrecht, Leipzig 1879, S. 687.

[2]) Die noch bei der ersten Lesung des Bürgerlichen Gesetzbuches vertretene Ansicht, daß der Inhaber der Urkunde als solcher berechtigt ist, die Ansprüche

Der Dieb, der Aktien gestohlen, der Bankier, der sich solche unbefugterweise aus den Depotbeständen seiner Kunden angeeignet hat, ist darum keineswegs Aktionär, wenn er auch nach außen als solcher legitimiert ist. Es kann einem solch formell Legitimierten der Einwand des Diebstahls, bzw. der Unterschlagung entgegengehalten und ihm mit Rücksicht hierauf die Ausübung von Aktionärrechten verweigert werden.

Der Grundsatz, daß lediglich der Eigentümer der Urkunde der hieraus Berechtigte ist, ist in besonders scharfer Weise im Wechselrecht ausgeprägt. Wechselgläubiger ist lediglich der Eigentümer des Wechsels, als solcher legitimiert ist der durch wechselmäßiges Indossament benannte Besitzer des Wechsels. Dieses Prinzip, das man als „Eigentumstheorie" bezeichnen kann, bestand vor dem BGB. auch für die Inhaberpapiere. In § 793 BGB. ist es jedoch fallen gelassen; das Forderungsrecht aus der Urkunde wurde nicht nur dem Eigentümer, sondern dem „Verfügungsberechtigten" überhaupt eingeräumt. Nach der herrschenden Lehre findet § 793 BGB. auch auf die Inhaberaktien Anwendung. Das Gesetz selbst spricht sich hierüber nicht aus. Stellt man sich jedoch auf den Standpunkt, daß dieser Paragraph hier nicht in Betracht kommt, so hat sich an dem früheren Rechtszustande nichts geändert und es gilt nach wie vor: berechtigt ist bei Inhaberaktien allein der Eigentümer, der verfügungsberechtigte Inhaber ist als solcher nur legitimiert. Die praktischen Konsequenzen dieser Anschauung liegen im Gebiete des Prozeßrechtes. Die Gesellschaft hat da gegebenenfalls dem Inhaber der Aktie nur den Nachweis zu liefern, daß er nicht deren „Eigentümer" sei, — während sie jetzt darzutun hätte, daß er nicht verfügungsberechtigt ist — und es ist dann Sache des Gegners, durch eine Vollmacht oder in anderer Weise seine Verfügungsberechtigung außer Zweifel zu stellen.

Bei einem Inhaberpapier darf dem Verpflichteten nicht zugemutet werden, vor der Leistung darauf Rücksicht zu nehmen und zu prüfen, ob der Inhaber der Urkunde wirklich ein Verfügungsrecht hat. Leistet er dem Inhaber, so erfüllt er nach Maßgabe seines Versprechens und wird befreit, selbst wenn letzterer nicht zur Verfügung über das Papier berechtigt war. (§ 793 Abs. 1 S. 2 BGB.) Der Schuldner hat sich eben verpflichtet, lediglich dem Inhaber zu leisten und sich damit zugleich auch ein Recht hiezu ausbedungen, das ihm nicht geschmälert oder beschränkt werden kann. Eine solche Beeinträchtigung läge in der Annahme einer Prüfungspflicht der Verfügungsmacht des Präsentanten. Ein Anlaß zur Leistungsverweigerung ist für ihn nur dann geboten, wenn Tatsachen vorliegen, die mit Bestimmtheit darauf schließen

---

aus dem Papier geltend zu machen, ist bei der zweiten Lesung ausdrücklich abgelehnt worden, „da es dem gesunden Rechtsgefühl widerspreche, daß auch der Dieb durch den Diebstahl Forderungsberechtigter werden könne." Vgl. Protokolle a. a. O., II. Bd, S. 529.

lassen, daß der Inhaber der Urkunde auf nicht rechtmäßige Weise in ihren Besitz gekommen ist und wenn er diesen Nachweis ohne Schwierigkeiten zu liefern in der Lage ist. In einem solchen Falle würde es Arglist begründen, wenn der Aussteller trotz Kenntnis der Sachlage durch Erfüllung an einen widerrechtlichen Inhaber den Berechtigten schädigt. Im übrigen geht der Wille der Aussteller und der allgemeine Wille des Verkehrs sicherlich nicht dahin, daß ein offenbar Unberechtigter Gläubiger sein soll.

Doch mag man trotzdem der Ansicht sein, daß bei Inhaberpapieren, die ein Forderungsrecht verkörpern, der Schuldner überhaupt nicht zum Wahrer der Interessen des Eigentümers berufen sei und deshalb keine Verpflichtung habe, einen zweifellos Nichtberechtigten zurückzuweisen, so kann dieser Grundsatz noch nicht ohne weiteres auf die Inhaberaktie, die zugleich Gesellschaftsrechte verbrieft, übertragen werden. Denn durch seine Anwendung würden hier nicht nur die Vorschriften über Treu und Glauben, sondern auch der zivil- und strafrechtlich geschützte Anspruch der Aktionäre, daß nur wirklich Berechtigte zur Ausübung des Stimmrechtes in der Generalversammlung zugelassen werden, verletzt. Ein Vorstand, der in Kenntnis des Nichtrechtes eines Aktieninhabers diesen nicht von der Generalversammlung zurückweist, würde gegen die ihm obliegende Sorgfaltspflicht eines ordentlichen Kaufmannes verstoßen.

Insbesondere darf ein Aktienrecht nicht demjenigen zugestanden werden, der eine Aktie, die der Gesellschaft vor der Ausgabe gestohlen, verloren gegangen oder sonst wider ihren Willen abhanden gekommen ist, besitzt, mag er sie auch in gutem Glauben erworben haben. Das BGB. hat zwar in § 794 im Interesse der Sicherheit des Verkehrs die Vorschrift aufgestellt, daß der Aussteller eines Inhaberpapieres haftet ohne Rücksicht darauf, ob es zu Recht oder Unrecht in Zirkulation gesetzt wurde, und damit dem einseitigen Verpflichtungswillen eine rechtsverbindliche Kraft beigelegt. Aber bei den Inhaberaktien ist im Gegensatz hiezu daran festzuhalten, daß der Wille der Gesellschaft bei der Ausstellung der Aktien in erster Linie nicht der ist, ein abstraktes Zahlungsversprechen oder ein Gläubigerrecht zu verschaffen, sondern ein Mitgliedschaftsrecht zu verbriefen. Gerade im Hinblick darauf ist es ein Gebot der Notwendigkeit, das sich im Interesse der Sicherheit des Bestandes des Aktienkapitals ergibt, von der Kreationstheorie, wie sie sonst das BGB. für die Inhaberpapiere hat, hier Umgang zu nehmen und der Begebungstheorie Geltung zu gewähren. Das Aktienrecht hat eine Reihe von Kautelen vorgesehen, die bezwecken sollen, daß eine Inverkehrsetzung der Aktien nicht erfolgt, bevor nicht das Grundkapital, das Substrat der Gesellschaft, vollständig zusammengebracht oder eine beschlossene Kapitalserhöhung durchgeführt worden ist. Alle diese Bestimmungen wären vollständig illusorisch, wenn die Aktiengesellschaft sich gezwungen sähe, etwa einen gutgläubigen Erwerber einer ihr vor der Kapitalserhöhung gestohlenen Aktie als Mitglied anzuerkennen. Es würde das ferner gegen das Grundprinzip der Aktiengesellschaft verstoßen, daß nur der Aktionär ist, welcher mit einer Einlage auf das in Aktien zerlegte Grundkapital der Gesellschaft beteiligt ist.

Wenn auch der Kommissionsbericht über den Entwurf eines HGB. von 1896 die Anwendung der §§ 793 Abs. 1 und 794 BGB. für zweifellos hält,[1]) so kann dem nicht beigetreten werden mit Rücksicht darauf, daß diese Ansicht sich mit den Sonderbestimmungen des Aktienrechtes in Widerspruch setzt.[2])

Im übrigen ist die Tatsache, daß bei Inhaberaktien der Inhaber der Aktienurkunde zur Ausübung des Stimmrechtes legitimiert ist, in der ganzen Literatur unbestritten und die Rechtsprechung des Reichsgerichtes hat das anerkannt; sie hat auch weiter entschieden, daß die Gesellschaft regelmäßig, d. h. wenn nicht die Ausübung des Stimmrechtes gesetz- oder statutwidrig ist, nicht zur Prüfung berechtigt ist, ob der Inhaber Eigentümer sei. (RG. Bd. 30 S. 51, Bd. 40 S. 82.)

Wie bei der Namensaktie, so besteht bei der Inhaberaktie ebenfalls ein Dualismus zwischen Recht aus der Aktie und Rechtsausweis: es kann jemand in der Generalversammlung als Aktionär legitimiert sein, ohne daß er tatsächlich Aktionär ist und umgekehrt kann jemand ein Aktienrecht besitzen, ohne daß er — mangels der Legitimation hiezu — es geltend zu machen in der Lage ist. (Z. B. der mittelbare Besitzer einer Inhaberaktie [§ 868 BGB.] gilt, selbst wenn er deren Eigentümer ist, der Gesellschaft gegenüber zur Ausübung von Aktionärrechten als nicht legitimiert, da er nicht Inhaber ist; dagegen hat anderseits der Besitzdiener [§ 855 BGB.] die Legitimation.)

d) Das Stimmrecht bei Nichtvorhandensein von Aktienurkunden sowie bei Interims-, Genuß- und Dividendenscheinen.

1. Ein Aktienrecht ist nicht nur vorhanden, wenn es in einer Aktienurkunde verkörpert ist; es besteht auch da, wo keine Aktien ausgegeben sind, und auch in einem solchen Falle ist der Aktionär stimmberechtigt. Allerdings ist ja die Ausgabe von Aktienurkunden die Regel und in gewissem Sinne obligatorisch, insoferne jeder Aktionär die Auslieferung der auf ihn entfallenden Aktienurkunden verlangen kann;[3]) aber es ist weder die Existenz der Aktiengesellschaft als solcher noch die Eigenschaft als Aktionär durch ihr Vorhandensein bedingt.[4])

---

[1]) Hahn, Materialien S. 593.

[2]) Staub a. a O., Exkurs zu § 224, Anm. 12 ff. Lehmann, Das Recht der Aktiengesellschaften, II. Bd. S. 105, 106.

[3]) Staub a. a. O. § 179 Anm. 11 u. 12.

[4]) RG. Bd. 34, S. 115; vgl. Goldmann a. a. O. § 179 Ziff. 11 ff.

Wie die Mitgliedschaft in einem solchen Falle darzutun ist, ergibt sich nach Lage der Verhältnisse. Es kann da die Legitimation zur Stimmabgabe in der Generalversammlung durch Bezugnahme auf den notariellen Errichtungsakt, durch Vorlage des Zeichnungsscheines oder durch das Aktionärverzeichnis (§ 196 HGB.), durch einen Auszug aus dem Aktienbuch oder aus den Geschäftspapieren der ins Leben tretenden Aktiengesellschaft, oder schließlich durch eine Erklärung der Gründer oder der Gesellschaftsorgane geführt werden. Die Entscheidung darüber, ob die Legitimation des Aktionärs genügt, steht bei der Generalversammlung.

2. Erforderlich ist ferner nicht, daß das Aktienrecht gerade in einer Aktienurkunde verbrieft ist. Aktionär ist auch, wer lediglich einen Interimsschein besitzt.[1]) Das Gesetz definiert diesen als einen Anteilschein, der den Aktionären vor der Ausgabe von Aktien ausgestellt wird. (§ 179 Abs. 3 S. 2 HGB.) Schon die Bezeichnung „Anteilsschein" weist darauf hin, daß hier mehr als eine Quittung über die auf den Betrag der Aktie geleistete Einzahlung vorhanden, daß bereits ein Aktienrecht gegeben ist. Nur ist dessen Verbriefung keine endgültige, sondern eine vorläufige. Tatsächlich darf denn auch die Ausgabe von Interimsscheinen nicht früher erfolgen als die der Aktien selbst; sie ist erst zulässig, wenn die Eintragung der Gesellschaft in das Handelsregister erfolgt ist. (§ 200 HGB.)

Ebenso finden auf sie sonstige Regeln Anwendung, die grundsätzlich für die Aktien gelten: so die Vorschriften des § 209 HGB. über den Minimalbetrag und die vorzeitige Ausgabe der Aktien; nach der Bestimmung des § 224 hat ferner die Eintragung der Interimsscheine und ihr Übergang auf andere nach den Grundsätzen der §§ 222, 223, die für die Namensaktien bestehen, zu erfolgen. (Vgl. ferner § 226 Abs. 2 u. §§ 228 ff. HGB.)

Wesentlich für den Inhalt des Interimsscheines ist, daß er von der Gesellschaft ausgeht, ein Anteilsrecht am Gesellschaftsvermögen gewährt und irgend eine Zusicherung über die später bei Vollzahlung zu geschehende Auslieferung der Aktienurkunde enthält.[2])

Statt Interimsschein war früher der Ausdruck „Promesse" gebräuchlich. Der Entwurf von 1884 führte beide Bezeichnungen nebeneinander. In der Kommission wurde aber die Weglassung des Wortes Promesse beschlossen, indem man davon ausging, „daß Promessen im ursprünglichen und eigentlichen Sinn Urkunden seien über Anteilsberechtigungen an bestimmten Losen, insbesondere der Prämienanleihen, und daß entweder die vorläufig ausgegebenen, zum demnächstigen Umtausch gegen definitive Urkunden bestimmten Anteilsscheine über Aktienrechte vom Verkehr lediglich als Interims-

---

[1]) RG. Bd. 5 S. 193, Bd. 36 S. 40, Bd. 49 S. 22.

[2]) Entsch. d. RG. vom 3. XII. 1888, abgedruckt in der Jur. Wochenschrift, Jahrg. 1898 S. 46 Nr. 17, ebenso RG. Bd. 22 S. 116.

scheine bezeichnet würden, oder daß doch, falls für diese letzteren Anteilsscheine der Ausdruck Promesse gebraucht werden sollte, ein begrifflicher Unterschied zwischen Promessen und Interimsscheinen, soviel die Anteilsscheine über Aktienrechte anlangt, nicht aufgestellt werden kann." [1])

Kein Aktienrecht gewährt der Besitz eines Quittungsbogens; denn hier werden lediglich geleistete Einzahlungen bestätigt. Das trifft ebenso bei jenen Quittungsbogen zu, in denen nach erfolgter Vollzahlung die Aushändigung der Aktien ausdrücklich zugesichert ist, und die auch als „Aktienpromessen" bezeichnet werden. Damit sei aber nicht gesagt, daß der Interimsschein nicht zugleich eine Quittung über geleistete Einzahlungen enthalten darf; in einem solchen Falle ist entscheidend, ob nach dem Inhalt der Urkunde zugleich die Mitgliedschaft verbrieft werden soll. [2])

Da also der Interimsschein materiell dasselbe Recht gewährt wie eine Aktie, so steht es außer Zweifel, daß der Inhaber eines solchen in der Generalversammlung stimmberechtigt ist. [3])

3. Dagegen kommt dem Besitzer eines Genußscheines ein Stimmrecht in der Generalversammlung nicht zu. Unter Genußschein (im eigentlichen Sinn) versteht man eine Urkunde, durch die bei der Amortisation der Aktien durch Auslosung oder Kündigung dem Aktionär, dessen Aktie eingezogen wird, das Dividendenbezugsrecht und der Anspruch auf die Liquidationsquote zugesichert ist. [4])

Der Genußschein gewährt also lediglich ein Gläubigerrecht, das als solches durch die Generalversammlung weder entzogen noch geschmälert werden kann. [5])

Sind mit dem Genußschein Befugnisse verknüpft, die nur einem Mitglied der Gesellschaft zustehen, wie das Stimmrecht, dann liegt eine Aktie vor, welche bloß irrtümlicher- und unrichtigerweise als Genußschein bezeichnet wird. Dieser Name wird nämlich oft allen möglichen Urkunden beigelegt: so Obligationen, in denen als Zins ein bestimmter Gewinnanteil versprochen wird oder Zubehörstücke zu Prioritätsaktien [6]) usw. Die Bedeutung eines sogenannten Genußscheines hängt deshalb von dem Inhalt der Rechte ab, die er beurkundet, und dieser Inhalt ist daher in jedem einzelnen Falle nach Anlaß und Zweck der Ausstellung des Genußscheines zu ermitteln. [7])

---

[1]) Bericht d. Reichstagskommission. Drucksachen des Reichstages IV. Legislaturperiode, 4. Session 1884, Bd. IV S. 1009 (weiter zitiert als „Kommissionsbericht").

[2]) RG. Bd. 30 S. 18, Bd. 49 S. 26.

[3]) RG. Bd. 30 S. 17. — Vgl. die Abhandlung von Brandt: „Kann in der Generalversammlung der Aktionäre auf Interimsscheine ein Stimmrecht gewährt werden?" in der Wochenschrift für Aktienrecht und Bankwesen von Holdheim, Jahrg. 1894 S. 441.

[4]) Pinner a. a. O. § 227 VI, 1. Staub a. a. O., Exkurs zu § 179.

[5]) RG. Bd. 49 S. 10.

[6]) Vgl. hierüber Staub a. a. O., Exkurs zu § 179 Anm. 1 u. 2.

[7]) RG. Bd. 49 S. 10.

4. Eine Einwirkung auf die Gesellschaftsangelegenheiten, insbesondere ein Stimmrecht, fehlt unbestrittenermaßen dem Inhaber eines Dividendenscheines, soferne die Aktiengesellschaft den Anspruch auf den Gewinnanteil losgelöst von der Aktie in einer eigenen Urkunde verbrieft hat. Dieser hat, selbst wenn zu Unrecht und statutenwidrig die Ausschüttung einer Dividende nicht vorgenommen wurde, keinerlei Möglichkeit, sich gegen einen derartigen Beschluß zu wehren, ebensowenig kann er die Festsetzung der Dividende betreiben und hiezu etwa die Generalversammlung einberufen.[1]) Der Besitzer des Dividendenscheines hat nur ein reines Gläubigerrecht gegen die Gesellschaft, dessen Entstehung davon abhängt, daß überhaupt eine Verteilung der Dividende beschlossen wird.

e) **Das Stimmrecht und Rechte Dritter an die Aktie.**

Die Tatsache, daß zur Ausübung des Stimmrechtes zwar der Eigentümer berechtigt, aber nicht legitimiert erscheint, wenn er nicht zugleich im Besitz der Aktie ist, kann bei Inhaberaktien da zu Schwierigkeiten führen, wo der Eigentümer nicht frei über die Urkunde verfügen kann, weil ein Dritter ein Recht an ihr hat.

1. Dies ist in erster Linie der Fall, wenn Inhaberaktien verpfändet sind. Es hat das gemäß § 1293 BGB. nach den für das Pfandrecht an beweglichen Sachen geltenden Vorschriften zu geschehen, §§ 1205 ff., ein bloßes constitutum possessorium genügt demnach auch hier nicht. Der Eigentümer muß entweder die Aktien dem Gläubiger einhändigen oder, wenn er nur mittelbaren Besitz hat, diesen auf den Pfandgläubiger übertragen und die Verpfändung dem mittelbaren Besitzer anzeigen.

Sind die Aktien unter dem Mitverschluß des Gläubigers, so genügt die Einräumung des Mitbesitzes an Stelle der Übergabe. Hat sie ein Dritter in Verwahrung, so darf die Übergabe durch die Vereinbarung eines Rechtsverhältnisses ersetzt werden, demzufolge die Aktien nur an den Gläubiger und den Eigentümer gemeinschaftlich herausgegeben werden können.

In allen diesen Fällen fehlt also dem verpfändenden Aktionär die unbehinderte Möglichkeit, das an den Besitz der Aktie geknüpfte Stimmrecht auszuüben, wenn nicht der Pfandgläubiger hiezu seine Mitwirkung hergibt. Die Annahme, daß etwa dieser befugt sei, die Aktien in der Generalversammlung zu vertreten, scheitert an dem Umstand, daß die Aktionärrechte nur der Eigentümer hat und daß dem Gläubiger die Aktien lediglich übergeben wurden zur Sicherung einer ihm zustehenden Forderung. Eine Vermutung, daß der Eigentümer seine Mitgliedschaftsbefugnisse abgetreten habe und daß deshalb der Pfandgläubiger sie selbst ohne

---

[1]) RG. Bd. 15 S. 99.

besondere Ermächtigung ausüben dürfe, ist als unzutreffend von der Hand zu weisen.[1])

Wenn aber auch der Aktionär über den Ausweis des Stimmrechtes nicht frei und selbständig verfügen kann, ist er noch nicht gezwungen, auf das Stimmrecht zu verzichten. Es steht ihm mit Rücksicht darauf, daß alle Verträge nach Treu und Glauben auszulegen sind und daß eine chikanöse Rechtsausübung unzulässig ist, der Anspruch zu, daß der Pfandgläubiger sich zu einer Vereinbarung herbeiläßt, die ihn — den Aktionär — in die Lage versetzt, die erforderliche Rechtsnachweisung vorzunehmen. Allerdings braucht der Gläubiger nicht zu einem Modus seine Zustimmung zu geben, der ihm seine Besitzrechte gefährdet. Im übrigen ergibt sich eine Reihe von Möglichkeiten hiezu.

Aktionär und Pfandgläubiger können die Vorlegung, bzw. die Hinterlegung der Aktienurkunden, wenn eine solche das Statut vorschreibt, gemeinschaftlich ausführen oder in der Weise betätigen, daß die Herausgabe nur an den Gläubiger oder an beide zusammen erfolgen darf. Sie können sich ferner auf einen vertrauenswürdigen Dritten, z. B. ein Bankinstitut, einigen, dem die Aktien zur Vertretung in der Generalversammlung eingehändigt werden.

Einen Ausweg, der allerdings nur in den wenigsten Fällen brauchbar sein wird, mag man auch darin finden, daß die Aktien gegen ein anderes Pfand umgetauscht werden. (Vgl. die Vorschrift des § 235 BGB. bei der Sicherheitsleistung.)

Die Ansicht, daß der Pfandgläubiger dem Eigentümer die Ausübung des Stimmrechtes ermöglichen müsse, wird in der Literatur wohl vertreten,[2]) dagegen hat die deutsche Rechtsprechung sich darüber noch nicht geäußert. (Es mag das darin seinen Grund haben, daß ein derartiges Ansinnen des Eigentümers an den Pfandgläubiger wohl selten gestellt und am wenigsten im Wege der Klage verfolgt werden wird, da es leicht für den Eigentümer eine unerwünscht rasche Beendigung des Pfandverhältnisses mit sich bringen kann.) Nicht uninteressant dürften deshalb die Ausführungen über diese Frage sein, die sich in einem Urteil des Appellhofes zu Brüssel vom 19. Juni 1896 finden. Hier ist direkt entschieden, daß der Aktionär, welcher seine Aktien verpfändet hat, das Recht behält, in der Generalversammlung das Stimmrecht auszuüben. Die Begründung ist folgende:

Wenn jemand Aktien in Pfand nimmt, die nach statutarischer Bestimmung in einem gegebenen Zeitpunkt aus irgend einem Grunde aus dem Gewahrsam des Inhabers entfernt werden müssen, so nimmt der Pfandgläubiger damit alle Folgen auf sich, welche die

---

[1]) Vgl. hierüber Förtsch: „Wer ist zur Ausübung des Stimmrechtes auf Grund verpfändeter Aktien berechtigt" im Recht, Jahrg. 1903 S. 561 ff.

[2]) Lehmann in Goldschmidts Zeitschrift für das gesamte Handelsrecht Jahrg. 1902 S. 397; derselbe, Das Recht der Aktiengesellschaften, II. Bd., Berlin 1904, S. 62. Simon a. a. O. S. 267.

Natur des angenommenen Pfandes mit sich bringt, und übernimmt insbesondere die Verpflichtung, dieselben vorübergehend bei einer Bank oder einem anderen Institut zu hinterlegen, zu dem Zwecke, ihnen das Stimmrecht in der Generalversammlung zu ermöglichen. Um sich von diesen Verpflichtungen und Vertragsfolgen zu befreien, hätte es wenigstens einer ausdrücklichen Festsetzung in den bei Begründung des Pfandrechtes getroffenen Abmachungen bedurft.

Noch weniger aber kann man von dem Belieben eines Pfandgläubigers abhängig machen, ob eine Generalversammlung abgehalten werden kann. Dadurch könnte, wenn die Gesamtheit oder der größte Teil der Aktien verpfändet wären, der ganze Geschäftsgang und Betrieb einer Aktiengesellschaft gehemmt werden.

Diese Ausführungen nimmt Holdheim, der das Urteil des Brüsseler Appellhofes in seiner Monatsschrift für Handels- und Bankwesen, Jahrgang 1897 S. 31 ff., mitgeteilt hat, auch für das deutsche Aktienrecht in Anspruch, wie er in einer erläuternden Kritik näher dartut.

Am besten wäre es wohl gewesen, wenn die Gesetzgebung selbst eine Regelung der Frage vorgenommen hätte, wie das in dem Gesetz, betr. die gemeinsamen Rechte der Besitzer von Schuldverschreibungen vom 4. Dezember 1899, geschehen ist. Der Schuldner ist nämlich gemäß § 10 Abs. 4 des Gesetzes auf Verlangen des Eigentümers verpflichtet, insoweit ihm an den Schuldverschreibungen ein Pfand- oder Zurückbehaltungsrecht zusteht, diese bei einer Hinterlegungsstelle in der Weise zu deponieren, daß unbeschadet der Fortdauer seiner Rechte, dem Eigentümer die Ausübung des Stimmrechtes ermöglicht wird.

Bei Namensaktien, die als Orderpapiere gemäß § 1293 BGB. durch Einigung und Übergabe des indossierten Papieres verpfändet werden, liegt die Sache wesentlich einfacher, insoferne hier die Vorzeigung der Aktie behufs Teilnahme an der Generalversammlung nicht erforderlich ist. Nur wenn ein Eigentumswechsel in den verpfändeten Namensaktien eintritt, kommen ähnliche Grundsätze zur Anwendung. Der Rechtsnachfolger wird dann verlangen können, daß der Pfandgläubiger ihm zur Umschreibung im Aktienbuch seine Mitwirkung leiht.

In der Ausübung des Stimmrechtes selbst hat der Aktionär vollkommen freie Hand. Er gibt seine Stimme nach eigenem Gutdünken ab und braucht sich nicht an Direktiven des Pfandgläubigers zu halten. Eine Schranke ist ihm nur durch den § 1276 BGB. gesetzt: für eine Aufhebung des Aktienrechtes oder eine das Pfandrecht beeinträchtigende Änderung darf er nur mit Zustimmung des Gläubigers eintreten.

Was soeben für das vertragsmäßige Pfandrecht ausgeführt wurde, gilt auch für das im Wege der Zwangsvollstreckung entstandene, das Pfändungspfandrecht, und das kaufmännische Zurückbehaltungsrecht.

2. Bilden Aktien den Gegenstand eines Verwahrungsvortrages, so ist der Hinterleger ebenfalls nicht in ihrem Besitze; daß er aber deshalb sein Stimmrecht nicht ausüben könne, wird niemand behaupten. Denn einerseits darf er ja die hinterlegten Aktien jederzeit zurückfordern (§ 695 BGB.) und anderseits hat er durch die Hinterlegung dem Verwahrer noch nicht die Befugnis eingeräumt, für ihn in der Generalversammlung aufzutreten. Eine allgemeine Vermutung des Inhaltes, daß zur Besorgung von Depotgeschäften bei Aktien auch ohne besondere Ermächtigung die Geltendmachung des Stimmrechtes gehöre, existiert nicht.

In der Praxis pflegen allerdings die Banken für die bei ihnen hinterlegten Aktien das Stimmrecht auszuüben, jedoch tun sie das immer nur auf Grund einer speziellen Vereinbarung oder einer allgemeinen Ermächtigung in ihren Geschäftsbedingungen. So ist z. B. in den für den Verkehr zwischen der Bayerischen Filiale der Deutschen Bank und ihren Geschäftsfreunden maßgebenden allgemeinen Bestimmungen folgender Passus enthalten:

„Die Bayerische Filiale der Deutschen Bank ist berechtigt und ermächtigt, soferne ihr nicht im einzelnen Falle gegenseitige Weisung zugeht, behufs Wahrnehmung der Interessen ihrer Geschäftsfreunde die für dieselben bei ihr ruhenden Aktien in allen ihren Generalversammlungen nach bestem Ermessen zu vertreten und das Stimmrecht für dieselben offen auszuüben.“

Im Falle des pignus oder depositum irregulare, d. h. wenn bei der Verpfändung, bzw. Hinterlegung vereinbart worden ist, daß an Stelle der verpfändeten oder hinterlegten Aktien gleichartige zurückgegeben werden dürfen, und wenn der Pfandgläubiger oder Verwahrer über sie frei zu verfügen ermächtigt ist, hat das Stimmrecht in der Generalversammlung der Gläubiger. Denn die Vertragsabsicht geht hier dahin, daß der Gläubiger Eigentümer werden soll.[1])

Bei Abgabe einer solchen Erklärung ist aber zu beobachten, daß sie, falls der Hinterleger oder Verpfänder nicht gewerbsmäßig Bank- oder Geldwechslergeschäfte betreibt, nur gültig ist, soweit sie für das einzelne Geschäft ausdrücklich und schriftlich abgegeben wird. (§ 2 Abs. 1 des Bankdepotgesetzes vom 5. Juli 1896.)

3. Viel umstritten ist die Frage, wie beim Nießbrauch die Ausübung des Stimmrechtes erfolgt. Auch bei der Bestellung eines Nießbrauches an Inhaberaktien muß der Eigentümer sich des Papierbesitzes ganz oder teilweise begeben. (§§ 1081 ff. BGB.)

Inwieweit nun dieser oder der Nießbraucher zur Vertretung der Aktien in der Generalversammlung befugt ist, darüber hat das Bürgerliche Gesetzbuch eine Entscheidung nicht getroffen, weil sich bei der wesentlich von den Gesellschaftsstatuten abhängigen

---

[1]) Staub a. a. O. § 368 Anm. 72 u. 80.

verschiedenartigen Gestaltung der Fälle eine allgemeine Vorschrift nicht aufstellen läßt.[1])

Geht man von der Annahme aus, daß dem Nießbraucher an und für sich die unmittelbare tatsächliche Verfügung über die Sache zum Zwecke des Gebrauches und zur Ziehung von Nutzungen zusteht, so wird man ihm den Anspruch nicht aberkennen dürfen, in der Generalversammlung, wo es sich darum handelt, den Umfang der Nutznießung festzustellen, beschlußfassend mitzuwirken, zu dem sein Interesse hiebei mindestens ebenso groß ist als jenes des Eigentümers. Dazu kommt noch, daß der Nießbraucher selbstständig eine Verwaltungstätigkeit auszuüben hat und hiebei beim Fehlen besonderer Abmachungen keineswegs an die Weisungen des Eigentümers, sondern lediglich an die Regeln einer ordnungsgemäßen Wirtschaft gebunden ist. (§ 1036 Abs. 2 BGB.) Es hätte dann für ihn auch sein Besitzrecht an dem Papier keinen besonderen Wert, wenn er trotz dieses darauf beschränkt würde, die ohne seine Mitwirkung festgesetzte Dividende in Empfang zu nehmen. Hiezu legitimiert ihn ja schon der Besitz des Gewinnanteilscheines, der ihm nach § 1081 BGB. zukommt. Er wäre dann materiell rechtlich in der gleichen Lage, wie wenn ihm bloß die Ausübung der Nutzung übertragen worden wäre.

Dem § 1083 BGB. darf für die Entscheidung der Streitfrage nicht viel Bedeutung beigemessen werden:

Wenn hier bestimmt ist, daß der Nießbraucher und der Eigentümer des Papieres zu Maßnahmen mitzuwirken einander verpflichtet sind, die eine ordnungsgemäße Vermögensverwaltung erforderlich macht, so verbietet die Erwägung, daß das Stimmrecht unteilbar ist, seine gemeinschaftliche Geltendmachung. Aus dem gleichen Grunde kann nicht angenommen werden, daß der Eigentümer dem Nießbraucher seine Stimme dann zu überlassen habe, wann und solange es sich um die Bestimmung des Umfangs der Nutzung handle. Hier läge eine unzulässige Zergliederung der einzelnen im Stimmrecht liegenden Verwaltungsbefugnisse vor.[2]) Aus der Vorschrift des § 1083 BGB. kann höchstens entnommen werden, daß für den Nießbraucher die Pflicht besteht, bei der Anmeldung der Aktien des Eigentümers zur Generalversammlung oder bei deren Vorweisung mitzuwirken. (Nach der hier vertretenen Ansicht müßte die Folgerung umgekehrt, d. h. gegen den Eigentümer zugunsten des Nießbrauchers gezogen werden.)

Dieses Ergebnis, das sich in Widerspruch zu der herrschenden Meinung setzt,[3]) ändert an dem Prinzip nichts, daß das Stimm-

---

[1]) Motive zum Bürgerlichen Gesetzbuch. Amtliche Ausgabe, Berlin 1896, Bd. III S. 497.

[2]) Vgl. unten S. 28.

[3]) Lehmann, Das Recht der Aktiengesellschaften, II. Bd. S. 65 ff. (vgl. insbesondere S. 66 Anm. 4), sowie derselbe in Goldschmidts Zeitschrift Jahrg. 1902 S. 405 ff. — Simon a. a. O. S. 269. Jacobi, Die Wert-

recht einer Aktie dem Eigentümer zukommt. Wenn es hier dem Nießbraucher zugeschrieben wird, so hat das seinen Grund darin, daß mit der Überlassung der Nutznießung an einen Dritten der Eigentümer sich seiner Verwaltungsrechte begeben hat, es sei denn, daß er einen entsprechenden Vorbehalt sich gemacht.

Bei der Namensaktie, für die der Nießbrauch durch die Übergabe des auf den Nießbraucher indossierten Papieres bestellt wird (§ 1068 BGB.), kann demnach der Nießbraucher verlangen, daß er in das Aktienbuch eingetragen wird, oder daß ihm der Eigentümer zum mindesten eine den gesetzlichen Vorschriften entsprechende Vollmacht für die Generalversammlung ausstellt.

Was die Ausübung des Nießbrauches selbst betrifft, so darf das Stimmrecht nicht dazu mißbraucht werden, um Vorteile zu sichern, die nach den Regeln einer ordnungsgemäßen Verwaltung und den Prinzipien einer gesunden Geschäftsführung nicht verlangt werden können. Zu einer Aufhebung des Aktienrechtes ist das Einvernehmen von Nießbraucher und Eigentümer erforderlich. (§ 1071 BGB.)

3. Die Rechtseigenart des Stimmrechtes mit Rücksicht auf seine Ausübung.

a) Die Unteilbarkeit des Stimmrechtes.

Für die Art und Weise der Ausübung des Stimmrechtes ist es von Bedeutung, daß die Aktien gemäß zwingender Vorschrift unteilbar sind. (§ 179 Abs. 1 HGB.) Es steht weder in der Macht der Gesellschaftsorgane noch in der Kompetenz eines Aktionärs, Teilaktien mit Rechtsgültigkeit zu schaffen. Und zwar fällt unter das Verbot sowohl eine Teilung des Mitgliedschaftsrechtes als Gesamtheit, als auch eine solche der einzelnen in ihm liegenden Befugnisse,[1]) soweit diese nicht wie das Dividendenrecht von einem gewissen Zeitpunkte an als selbständige Rechte geltend gemacht werden können. Die Entstehung von Stimmquoten ist daher auf alle Fälle ausgeschlossen.

Die Gesellschaft hat allerdings die Möglichkeit, im Wege einer Änderung des Statutes bei Aktien, die auf ein Mehrfaches von Tausend lauten, eine Vermehrung des Aktienrechtes herbeizuführen, soweit hiebei nur der gesetzliche Minimalbetrag nicht unterschritten wird. Letzteres ist in der Literatur nicht unbestritten, insoferne z. B. Staub[2]) verlangt, daß in einem solchen Falle eine Kapitals-

---

papiere im Bürgerlichen Recht des Deutschen Reichs, Jena 1901, S. 356. — Pappenheim, Zur Lehre vom Fruchtgenuß an Wertpapieren, Holdheims Monatsschrift für Aktienrecht und Bankwesen Jahrg. 1896 S. 205 ff.

[1]) Lehmann-Ring a. a. O. § 179 Nr. 2.

[2]) Staub a. a. O. § 179 Anm. 1.

erhöhung zu beschließen ist, wobei dann die früheren Aktien in Zahlung zu nehmen sind. Dem ist jedoch entgegenzuhalten, daß bereits bei der Beratung des alten Handelsgesetzbuches die Absicht vorhanden war, eine derartige Zerteilung des Aktienbetrages nicht zu verhindern.[1]) Die Tendenz des § 179 Abs. 1 ist übrigens lediglich die, die früher zugelassenen und häufig vorkommenden Aktienanteile zu verbieten und hintanzuhalten, sowie den Vorschriften über den Minimalbetrag unbedingte Geltung zu verschaffen. Pinner[2]) bejaht die Frage mit Rücksicht darauf, daß die Gesellschaft in der Fixierung des Nominalbetrages frei sei und daß dies nicht dem Begriffe der Unteilbarkeit widerspreche, insoferne hier keine Aktienanteile, sondern neue Vollaktien mit geringerem Betrage kreiert würden.[3])

Im übrigen ist es vom Gesetze nicht verboten, daß mehrere zusammen eine Aktie erwerben. Doch hat ein derartiges Verhältnis lediglich interne Wirksamkeit unter den Teilhabern; der Aktiengesellschaft gegenüber gilt ein solcher Mitberechtigter nicht „als mit einer Einlage auf das in Aktien zerlegte Grundkapital beteiligt.“ Seine Beteiligung ist für die Gesellschaft keine rechtliche, sondern eine rein tatsächliche; sie ignoriert sie vollständig. Demgemäß läßt sie sich auch nicht mit einer Mehrheit von Stimmberechtigten ein, sondern verlangt, daß diese ihre Rechte aus der Aktie durch einen gemeinschaftlichen Vertreter ausüben. § 225 Abs. 1 HGB. (Vgl. auch § 18 Abs. 1 des Gesetzes betr. die Gesellschaften mit beschränkter Haftung.)

b) Die Unentziehbarkeit des Stimmrechtes.

Der Wichtigkeit des Stimmrechtes entsprechend hat das Gesetz, im Gegensatz zu früher, seine Unentziehbarkeit ausgesprochen. Während noch bis zur Aktiennovelle von 1884 es dem Gesellschaftsvertrag überlassen war, ein anderes zu bestimmen, ist nunmehr eine abweichende Regelung unzulässig und jede Beschränkung des Minimalstimmrechtes ungültig. (§ 252 Abs. 1 HGB.[4])

Damit soll jedoch nicht gesagt sein, daß jede Aktie schlechthin eine Stimme gewährt und demgemäß jeder Aktionär so viele Stimmen als Aktien hat. Es ist hier nur das Minimalstimmrecht des Aktionärs festgelegt und ausgedrückt, daß dieses nicht von dem Besitze mehrerer Aktien abhängig gemacht werden darf. Die Schranke besteht weiter nur nach unten und hindert deshalb nicht, daß anderseits eine Aktie mehrere Stimmen einräumt. Ebenso ist

[1]) Lutz, Protokolle zum Alten Handelsgesetzbuch, Würzburg 1861, S. 309, 1034.

[2]) Pinner a. a. O. § 179 I, 7 ff.

[3]) Vgl. Lehmann-Ring a. a. O. § 179 Nr. 2. Behrend, a. a. O. S. 785 Anm. 11. Goldmann a. a. O. § 179 Ziff. 8.

[4]) Heymann, Entwurf a. a. O. S. 230.

es im Gesetz selbst ausgesprochen, daß der Gesellschaftsvertrag für den Fall, daß ein Aktionär mehrere Aktien besitzt, die Ausübung des Stimmrechtes durch Festsetzung eines Höchstbetrages oder von Abstufungen beschränken kann. (§ 252 Abs. 1 S. 3 HGB.)

Von dieser Möglichkeit hat die Praxis in weitgehendem Maße Gebrauch gemacht, um ein Überwiegen der Großaktionäre zu verhindern. Es findet sich da die Festlegung eines absoluten Höchstbetrages, so daß ein Aktionär mehr als eine Stimme oder eine bestimmte Anzahl von Stimmen nicht in sich vereinigen kann, mag er noch so viele Aktien besitzen. Vielfach sind auch Stimmskalen festgesetzt: die Zahl der Stimmen wächst dann entweder mit der Größe des Aktienbesitzes verhältnismäßig oder reziprok. In letzterem Falle tritt dann von Stufe zu Stufe eine kleine Verringerung der Zunahme der Stimmen ein; diese kann sogar soweit gehen, daß bei einer gewissen Grenze jeder Zuwachs aufhört. Es ist das eine vom Gesetz zugelassene Durchbrechung des in § 252 Abs. 1 S. 2 aufgestellten Prinzipes, daß das Stimmrecht nach Aktienbeträgen ausgeübt wird, daß also die Zahl der Stimmen mit der der Aktien sich mehren soll, oder daß, wenn an eine Aktie mehrere Stimmen geknüpft sind oder Aktien verschiedenen Betrages da sind, die Vermehrung der Stimmen im Verhältnis zum größeren Betrag einzutreten hat. Der Grundsatz, daß der Nennwert der Aktie die Stimmenzahl begründet, erfährt aber noch eine weitere Abweichung dadurch, daß bei mehreren Gattungen von Aktien der Gesellschaftsvertrag den Aktien der einen Gattung ein höheres Stimmrecht als den einer anderen Gattung einräumen kann. (§ 252 Abs. 1 S. 4.) Durch die gegenwärtige Fassung dieser Vorschrift ist im Gegensatz zu früher auch klargestellt, daß im Falle der Ausgabe verschiedener Gattungen von Aktien es nicht darauf ankommt, daß die einzelnen Aktionäre sich im Besitze mehrerer Aktien befinden.[1]) Dagegen wäre es ungültig, wenn das Statut den Aktien einer bestimmten Kategorie ein Stimmrecht überhaupt nicht beilegen würde.[2])

Eine Bevorzugung im Stimmrecht findet sich häufig, wenn neben den Stimmaktien noch Prioritätsaktien geschaffen werden. Gewöhnlich werden dann den letzteren neben Begünstigungen vermögensrechtlicher Art auch erweiterte Verwaltungsbefugnisse konzediert.

Staub[3]) nimmt sogar an, daß die Gattungsverschiedenheit dadurch allein hergestellt werden kann, daß den Aktien ein höheres Stimmrecht verliehen wird; er folgert das aus der neuen Bestimmung des Abs. 1 S. 3.

---

[1]) Hahn, Materialien S. 310.

[2]) Entsch d. RG. vom 20. April 1893, abgedruckt in der Jur. Wochenschrift Jahrg. 1893 S. 310.

[3]) Staub a. a. O. § 252 Anm. 4; dagegen Goldmann a. a. O. § 252 Ziff. 12.

Der Grundsatz der Unentziehbarkeit des Stimmrechts erleidet nur da eine Ausnahme, wo das Gesetz wegen Interessenkollision gewissen Personen die Teilnahme an der Abstimmung verbietet. (§§ 252 Abs. 3, 327 HGB.) Es ist das überhaupt eine im Gesellschaftsrecht allenthalben wiederkehrende Regel, daß derjenige, welcher an einer Angelegenheit irgendwie beteiligt ist, bei der Beschlußfassung über diese nicht mitwirken darf. (Vgl. § 34 BGB., § 43 Abs. 3 des Genossenschaftsgesetzes, § 47 Abs. 4 des Gesetzes über die Gesellschaften mit beschränkter Haftung.)

Nach Aktiengesellschaftsrecht hat kein Stimmrecht und darf ein solches auch nicht für andere ausüben (§ 252 Abs. 3 HGB.):

1. wer durch eine Beschlußfassung entlastet oder von einer Verpflichtung befreit werden soll. Hierunter fallen insbesondere die Personen der Vorstandschaft und des Aufsichtsrates. (§ 260 HGB.) Bemerkenswert ist eine Entscheidung des Reichsgerichts in Bd. 54 S. 75, die es für unzulässig erklärt, daß bei der Beschlußfassung über die Entlastung des Aufsichtsrates von dessen Mitgliedern, die auch Aktionäre sind, nacheinander gesondert über die Entlastung jedes einzelnen Aufsichtsratmitgliedes abgestimmt wird, so daß dabei die übrigen Aufsichtsratsmitglieder mitstimmen; es handelt sich hier eben nicht um eine Entschließung darüber, ob anzuerkennen ist, daß gegen dieses oder jenes Aufsichtsratsmitglied ein Anspruch wegen einer Pflichtverletzung besteht, sondern darum, ob die durch die Vorlage vor Augen geführte Verwaltungstätigkeit überhaupt, die in dem verflossenen Geschäftsjahre entfaltete Wirksamkeit einwandfrei erklärt werden soll oder nicht. Die gesetzliche Stimmaberkennung der von der Entlastung oder Befreiung betroffenen Aktionäre gilt übrigens nur für die einzelne Beschlußfassung. Vorstand und Aufsichtsratmitglieder können darum bei der Abstimmung über die Genehmigung der Bilanz sich wohl beteiligen, es sei denn, daß damit zugleich die Dechargeerteilung verbunden sein soll.

2. wer bei einer Beschlußfassung als Beteiligter erscheint, insoferne sie die Vornahme eines Rechtsgeschäftes mit ihm oder die Einleitung oder Erledigung eines Rechtsstreites zwischen ihm und der Gesellschaft betrifft. Die Stimmenthaltungspflicht besteht auch hier nur für den einzelnen Fall, in dem Interessenkollision gegeben ist; sie ist ferner nur dann vorhanden, wenn der Aktionär unmittelbarer Gegenkontrahent ist. Tritt als solcher eine Gesellschaft auf, so gibt für die Versagung des Stimmrechtes die persönliche Haftung der Gesellschafter den Ausschlag:[1]) ausgeschlossen sind demnach die Mitinhaber der offenen Handelsgesellschaft, die persönlich haftenden Gesellschafter der einfachen wie der Aktienkommanditgesellschaft, auch die Kommanditisten bei der Kommandit-

[1]) Vgl. hierüber Staub a. a. O. § 252 Anm. 18. Lehmann-Ring a. a. O. § 252 Nr. 8.

gesellschaft und die Mitglieder eines nicht rechtsfähigen Vereins, soferne mit der Gesellschaft, bzw. dem Vereine kontrahiert wird.

Die früher viel umstrittene Frage, ob dem Aktionär für seine eigene Wahl in den Aufsichtsrat ein Stimmrecht zukommt, ist jetzt vom Reichsgericht in bejahendem Sinne entschieden worden. In der Begründung ist ausgeführt, daß es sich hiebei nicht um ein Rechtsgeschäft mit einem Dritten im gewöhnlichen Sinne handle, sondern um ein Geschäft, wodurch ein Organ der Gesellschaft gebildet oder in seiner Zusammensetzung ergänzt werden soll. Wäre von der Mitwirkung bei solchen die innere Ordnung der Gesellschaft betreffenden Beschlüssen, der Aktionär, dessen eigene Wahl in Frage komme, grundsätzlich ausgeschlossen, so würde dies, da regelmäßig ein Widerstreit der wechselseitigen Interessen nicht bestehe, eher zur Schädigung als zur Förderung des Gedeihens der Gesellschaft führen und damit das Gegenteil von dem, was § 252 Abs. 3 HGB. bezweckt, erreicht werden.[1])

Diese Grundsätze, die jedenfalls auch bei den Wahlen der Vorstandsmitglieder zu gelten haben, wurden bereits vordem von Staub[2]) vertreten und von ihm dahin erweitert, daß Vorstands- und Aufsichtsratsmitglieder sogar bei der Beschlußfassung über ihre Abberufung mitstimmen dürfen.

Bei der Kommanditgesellschaft auf Aktien ist das Stimmrecht den persönlich haftenden Gesellschaftern entzogen, auch wenn sie Aktien haben. (§ 327 Abs. 1 HGB.)

Einer besonderen Erwähnung bedarf noch die Pflicht der Stimmenthaltung in der konstituierenden Generalversammlung. Das Gesetz selbst, § 197 HGB., erklärt nur, daß auf die Berufung und die Beschlußfassung der vor der Eintragung der Gesellschaft stattfindenden Generalversammlung die Vorschriften entsprechende Anwendung finden, die für die Gesellschaft nach der Eintragung maßgebend sind, soweit nicht in den §§ 190, 196 ein anderes bestimmt ist. Dieser Ausnahmefall liegt jedoch hier vor und schließt die Anwendung des § 252 Abs. 3 HGB. aus. Nach früher geltendem Rechte war es nicht unzweifelhaft, inwieweit bei der Beschlußfassung über die Errichtung der Gesellschaft auch diejenigen Gründer stimmberechtigt sind, welche Vermögensgegenstände einbringen oder sich einen besonderen Vorteil oder eine Gründervergütung ausbedungen haben. Denn für diese Personen besteht immerhin ein mit dem der übrigen Aktionäre nicht zusammenfallendes Interesse an dem Zustandekommen der Gesellschaft. Nunmehr ist jedoch durch das Gesetz der Streit dahin entschieden, daß die Errichtung der Gesellschaft als abgelehnt gilt, wenn die Mehrheit der Stimmen der übrigen bei der Beschlußfassung mitwirkenden

---

[1]) Entsch. d. RG. vom 22. II. 1905, abgedruckt in der Jur. Wochenschrift Jahrg. 1905 Nr. 28 S. 297.

[2]) Staub a. a. O. § 252 Anm. 15; ebenso Lehmann, Recht der Aktiengesellschaften, II. Bd. S. 362.

Aktionäre sich dagegen ausgesprochen hat.[1]) Ein vollständiger Ausschluß der in Frage stehenden Personen von der Ausübung des Stimmrechtes würde, wie die Denkschrift zum Entwurf eines HGB. von 1896 bemerkt,[2]) nicht der Billigkeit entsprechen, da die übrigen Aktionäre sonst in der Lage wären, die Errichtung der Gesellschaft ohne die Mitwirkung der für die Gründung verantwortlichen Beteiligten zu beschließen. Überdies wird in den meisten Fällen nur dadurch, daß die Aktien jener Beteiligten mitgezählt werden, die vom Gesetz erforderte Mehrheit von einem Viertel des Grundkapitals erreicht werden können.

Es ist auch anzunehmen, daß Vorstand und Aufsichtsratsmitglieder stimmberechtigt sind.[3])

Daß Personen, die Anteilsrechte von Zeichnern oder Gründern erworben haben, nicht zur Ausübung des Stimmrechtes zugelassen werden, hat seinen Grund darin, daß nach der zwingenden Vorschrift des § 200 Abs. 2 HGB. vor der Eintragung der Aktiengesellschaft in das Handelsregister eine der Gesellschaft gegenüber wirksame Übertragung der Anteile nicht möglich ist. Eine Ausnahme besteht nur, wenn der Wechsel im Rechte erbweise vor sich gegangen ist.[4])

Die Mitglieder eines Gegenseitigkeitsversicherungsvereines, auf dessen Organisation ja auch teilweise aktienrechtliche Vorschriften zur Anwendung kommen, haben nach dem Gesetze keinen Anspruch auf ein Stimmrecht im obersten Organ, das ist der Versammlung von Mitgliedern oder von Vertretern der Mitglieder. (Vgl. §§ 29, 36 des Gesetzes über die privaten Versicherungsunternehmungen.) Es ist das in dem Entwurfe[5]) damit motiviert, daß die Versicherten sich hier mehr als Versicherte denn als Mitglieder eines Vereines fühlten.

c) Die gesetzlich zulässige Regelung der Bedingungen und der Form der Ausübung des Stimmrechtes durch das Statut.

Das Gesetz hat in § 252 Abs. 4 dem Gesellschaftsvertrag überlassen, die Bedingungen und die Form der Ausübung des Stimmrechtes zu regeln. Diese Befugnis ist jedoch keine unbegrenzte, sie entfällt, wo das Aktienrecht selbst eine zwingende Anordnung über

---

[1]) Vgl. Pinner a. a. O. § 196 VII, 1. Lehmann-Ring a. a. O. § 196 Nr. 6. Bauer, Das Aktiengesetz in der Fassung des neuen Handelsgesetzbuchs, Leipzig 1899, S. 26.

[2]) Hahn, Materialien S. 295.

[3]) Vgl. Weyl, Handbuch des deutschen Aktiengesellschaftsrechtes, Freiburg i. B. und Leipzig 1896, S. 49, wo die hier in der Literatur herrschenden Meinungen zusammengestellt sind.

[4]) Hahn, Materialien S. 295.

[5]) Nr. 5 der Reichstagsdrucksachen der 10. Legislaturperiode, II. Session 1900/1901, S. 70.

das Stimmrecht getroffen hat. Denn nur „im übrigen“ ist der Gesellschaftsvertrag maßgebend.

Was unter Bedingungen und Form der Ausübung des Stimmrechtes zu verstehen ist, ist im Gesetze nicht gesagt; es ist die Beantwortung dieser Frage der Auslegung und der Praxis anheimgegeben. Diese hat sich dabei von dem Grundsatz leiten zu lassen, daß das Stimmrecht jedem Aktionär unverletzt erhalten bleiben muß; andernfalls würde sie sich mit dem Gesetz in Widerspruch stellen.

1. Persönliche Beschränkungen des Stimmrechtes.

Unzulässig ist jede Beschränkung in der persönlichen Geltendmachung des Stimmrechtes. Darunter fallen vor allem Bestimmungen, die vollkommen geschäftsfähigen Aktionären die Möglichkeit, ihr Stimmrecht selbst auszuüben, benehmen. Denn nicht bloß eine Stimme gewährt die Aktie, sondern überhaupt das „Stimmrecht“, d. h. der Aktionär hat einen Anspruch darauf, persönlich seine Stimme abzugeben.[1]) Frauen, welche Aktien besitzen, können also nicht gezwungen werden, ihre Verwaltungsrechte durch einen Vertreter geltend machen zu lassen. Eine solche statutarische Bestimmung entbehrt der gesetzmäßigen Grundlage. Diese Ansicht ist in der Literatur so ziemlich unbestritten[2]) und auch von der Rechtsprechung des Reichsgerichts gebilligt. (RG. Bd. 55 S. 41.) Das gleiche hat zu gelten, wenn Ausländer, Personen, denen die bürgerlichen Ehrenrechte entzogen sind, Angehörige gewisser Standes- und Berufsklassen oder Aktionäre, die sich angeblich gegen die Interessen der Gesellschaft verfehlt haben, zur Aufstellung eines Bevollmächtigten genötigt werden. Derartige Bestimmungen stehen überhaupt schon mit dem Geiste des Aktienrechtes in Widerspruch. Es wäre unverständlich, wenn unter Verkennung der Tatsache, daß die Aktiengesellschaft eine reine Kapitalassoziation ist, hier auf einmal auf eine individuelle Qualifikation, namentlich auf gewisse persönliche Eigenschaften der Mitglieder Rücksicht genommen würde, während doch im Prinzip weder für den Erwerb noch für die Fortdauer der Mitgliedschaft besondere Erfordernisse bestehen und die Gesellschaft keinerlei Macht hat, um Aktionäre, mögen sie auch ihren statutarischen Verpflichtungen zuwiderhandeln, auszuschließen.[3])

2. Die Anordnung der Hinterlegung der Aktien.

Die in der Praxis weitaus am häufigsten vorkommende Bedingung für die Ausübung des Stimmrechtes ist das Erfordernis

---

[1]) Lehmann-Ring a. a. O. § 252 Nr. 5.

[2]) Gegen die herrschende Meinung von neueren Autoren: Staub a. a. O. § 252 Anm. 20, Cosack, Lehrbuch des Handelsrechtes, Stuttgart 1903, S. 577 und Behrend a. a. O. S. 825 Anm. 7; von älteren: Renaud, Das Recht der Aktiengesellschaften, Leipzig 1875, S. 426; vgl. § 43 Abs. 4 S. 2 d. GenG.

[3]) RG. Bd. 49 S. 78.

einer vorgängigen Hinterlegung der Aktien. Das Gesetz selbst hat auf diesen Fall Rücksicht genommen und in § 255 Abs. 1 u. 2 bestimmt:

„Die Berufung der Generalversammlung hat in der durch den Gesellschaftsvertrag bestimmten Weise mindestens zwei Wochen vor dem Tage der Versammlung zu erfolgen. Der Tag der Berufung und der Tag der Generalversammlung sind hiebei nicht mitzurechnen.

Ist im Gesellschaftsvertrag die Ausübung des Stimmrechtes davon abhängig gemacht, daß die Aktien bis zu einem bestimmten Zeitpunkt vor der Generalversammlung hinterlegt werden, so ist die Frist derart zu bemessen, daß für die Hinterlegung mindestens zwei Wochen frei bleiben. In diesem Falle genügt auch die Hinterlegung bei einem Notar."

Diese Vorschriften haben, wie sich schon aus ihrer Fassung ergibt, in einer Richtung einen absoluten Charakter: die Hinterlegungsfrist von zwei Wochen darf durch das Statut unter keinen Umständen verkürzt, wohl aber verlängert werden. Die Berechnung der gesamten Dauer der Hinterlegung hat in der Weise zu erfolgen, daß die zweiwöchige Frist um den Zeitraum verlängert wird, welcher zwischen dem im Gesellschaftsvertrag für die Hinterlegung bestimmten Endtermin und der Generalversammlung liegt. Wäre beispielsweise im Statut bestimmt, daß die Aktien zur Ausübung des Stimmrechtes spätestens drei Tage vor der Generalversammlung zu hinterlegen seien, so würde die Berufung mit einer Frist von mindestens 17 Tagen erfolgen müssen;[1]) der Tag der Berufung und der der Generalversammlung ist hiebei nicht mitzurechnen. Ist eine wiederholte Veröffentlichung der Berufung oder eine Inseration in mehreren Blättern vorgeschrieben, so ist die letzte Bekanntmachung für den Lauf der Frist maßgebend, es sei denn, daß die weitere Bekanntmachung lediglich als eine bloße Erinnerung der ersten anzusehen ist.[2]) — Auf die Vorschrift des § 193 BGB. braucht bei der Berufung keine Rücksicht genommen zu werden, da diese nur eine Auslegungsregel enthält und nicht zwingend ist.[3])

Der Ort der Hinterlegung ist der Bestimmung des Statutes vorbehalten. In allen Fällen jedoch, mag nun ausdrücklich dies bestimmt sein oder nicht, ist die Deponierung bei einem deutschen Notar genügend. Das Statut kann durch eine entgegengesetzte Anordnung das nicht ausschließen. Andrerseits darf es aber auch nicht einen bestimmten Notar als allein zuständig erklären. Denn

---

[1]) Heymann, Entwurf S. 353.

[2]) Staub a. a. O. § 255 Anm. 1. Pinner a. a. O. § 255, II, 1.

[3]) Staub a. a. O. § 255 Anm. 3. Lehmann-Ring § 255 Nr. 5 im Gegensatz zu Riesenfeld a. a. O. S. 56. — Vgl. Fleck: „Die Fristberechnung bei Berufung von Generalversammlungen" in Holdheims Monatsschrift Jahrg. 1899 S. 215.

dadurch würde der Zweck der Bestimmung, die Teilnahme an der Generalversammlung zu erleichtern,[1]) illusorisch gemacht. Die praktische Bedeutung dieser Vorschrift ist eine sehr zweifelhafte, da die Deponierung bei einem Notar immerhin erhebliche Kosten verursacht. Die meisten Statuten, die eine Deponierung der Aktien zur Pflicht machen, führen in der Regel außer den Gesellschaftskassen eine Mehrzahl von Bankinstituten auf, bei denen der Aktionär die Hinterlegung betätigen kann. Regelmäßig sind dann auch deren Filialen kompetent. Sehr häufig werden z. B. die Reichsbank oder in Bayern die Kgl. Bank und die Filialen dieser Institute als Depotstellen bezeichnet.

Damit die Hinterlegung wirklich ihren Zweck erfülle, haben die Statuten eine Reihe von Spezialvorschriften getroffen, die dafür Gewähr bieten, daß das Stimmrecht nicht doppelt ausgeübt wird. Dabei ist auch der Gesichtspunkt der Geschäftsvereinfachung in der Generalversammlung nicht außer acht gelassen. Gewöhnlich wird z. B. gefordert, daß die Hinterlegung bis nach Abhaltung der Generalversammlung fortdauert, daß die Aktien genau nach Serien und Nummern bezeichnet werden und daß der Hinterlegungsschein dieses ersehen lassen muß. Die Zulassung zur Stimmabgabe erfolgt dann in der Regel auf Grund eines ordnungsgemäß ausgestellten Depotscheines oder einer Eintrittskarte, die von der Gesellschaft oder von der Depotstelle beim Nachweis der Deponierung ausgehändigt wird, der innerhalb der Hinterlegungsfrist zu geschehen hat. Mitunter wird bei der Hinterlegung die Abgabe eines doppelten, arithmetisch geordneten Nummernverzeichnisses verlangt, von denen das eine mit der Bescheinigung der Hinterlegung zurückgegeben wird und als Eintrittskarte gilt. — Im Aktienbuch eingetragene Aktionäre erhalten vielfach Stimmkarten von der Gesellschaft zugestellt oder haben sie in den Geschäftsräumen in Empfang zu nehmen. Eine Hinterlegung oder ein Vorweis der Aktien kann auch hier für die Ausübung des Stimmrechtes durch das Statut gefordert werden,[2]) obwohl für die Aktionäreigenschaft lediglich die Eintragung im Aktienbuch maßgebend ist.

3. Nachweis einer Besitzdauer der Aktien als Bedingung des Stimmrechtes. Anmeldung zur Generalversammlung.

Unzulässig ist eine Vorschrift, die als Bedingung des Stimmrechtes den Nachweis einer bestimmten Besitzdauer der Aktien erfordert.[3]) Das würde dazu führen, daß unter Umständen überhaupt niemand in der Lage ist, dieses geltend zu machen, so z. B. wenn der Rechtsnachfolger zur Zeit der Generalversammlung die Aktien noch nicht die statutarisch vorgeschriebene Zeit besitzt. Der

---

[1]) Hahn, Materialien S. 604.

[2]) Simon a. a. O. S. 264.

[3]) Lehmann, Das Recht der Aktiengesellschaften, II. Bd. S. 168. Bachmann, Die Sonderrechte der Aktionäre, Zürich 1902, S. 105.

Veräußerer verliert mit seinem Eigentum das Stimmrecht und regelmäßig fehlt auch die Legitimation hiezu; der Erwerber wird zurückgewiesen, weil er die erforderliche Besitzzeit nicht darzutun vermag. Das Stimmrecht würde dann in einem solchen Falle vollständig ruhen, es wäre zeitlich außer Wirksamkeit gesetzt. (Der Hinweis darauf, daß das Gesetz selbst die Geltendmachung des Revisionsrechtes an die Glaubhaftmachung eines mindestens sechsmonatlichen Aktienbesitzes gebunden habe [§ 266 Abs. 3 S. 2 HGB.], ist belanglos. Es ist das eine Spezialvorschrift, die nicht verallgemeinert werden darf und den Zweck hat, den Mißbrauch dieses einschneidenden Rechtes zu verhüten.) Gestattet ist hingegen, daß das Statut anordnet, daß bei Aktien, deren Übertragung an die Einwilligung der Gesellschaft gebunden ist, nur derjenige stimmberechtigt ist, der von der Aktiengesellschaft als Aktionär anerkannt ist, weil hier bis zum Moment der erteilten Einwilligung der Veräußerer sein Stimmrecht fortbesitzt.[1])

Der Anordnung einer Besitzdauer steht es gleich, wenn der Endtermin der Hinterlegungsfrist schon mehrere Monate vor der Generalversammlung abläuft und während dieser Zeit das freie Verfügungsrecht des Aktionärs ausgeschlossen ist. Das trifft zweifellos dann zu, wenn das Statut einen etwaigen Wechsel in der Mitgliedschaft während einer mehrmonatlichen Hinterlegung nicht zu berücksichtigen gestattet, trotzdem der Übergang des Aktienrechtes ordnungsgemäß nachgewiesen wird. Darunter fällt z. B. eine Anordnung des Gesellschaftsvertrages, daß nur derjenige in der Generalversammlung stimmberechtigt ist, auf dessen Namen die Aktien mindestens sechs Monate vor der Generalversammlung bei einer vorgeschriebenen Depotstelle hinterlegt sind.

Anderseits kann das Statut wohl bestimmen, daß eine Berücksichtigung einer Änderung im Aktienbesitze nicht erfolgt und eine etwaige Umschreibung einer bereits ausgestellten Stimmkarte unzulässig ist, wenn das erst in den letzten Tagen vor der Generalversammlung gefordert wird. Hier liegt eine Bedingung der Ausübung des Stimmrechtes vor, deren Gesetzmäßigkeit sich aus § 255 Abs. 3 HGB. schließen läßt.

Dort ist nämlich vorgeschrieben, daß, wenn im Gesellschaftsvertrag Bestimmungen über die Hinterlegung der Aktien **nicht** getroffen sind, die Anmeldungen zur Teilnahme an der Generalversammlung zugelassen werden müssen, wenn sie nicht später als am **dritten** Tage vor der Versammlung erfolgen.

Im übrigen ist der Zweck dieser Bestimmung der, die Erschwerung der Teilnahme an der Generalversammlung dadurch, daß eine längere Frist vor derselben für die Anmeldung gefordert wird, zu verhüten und geschäftsungewandte Aktionäre davor zu bewahren. daß sie die Frist versäumen.[2]) Daraus ist zu entnehmen,

[1]) **Bachmann** a. a. O. S. 105 Anm. 2.
[2]) **Hahn**, Materialien S. 604.

daß der Gesellschaftsvertrag von der Einhaltung dieser dreitägigen Frist zwar Umgang nehmen und sie verkürzen oder aufheben, aber sie nicht verlängern darf. Es ist hier nur nach der einen Seite eine Grenze gezogen (so wäre z. B. eine statutarische Bedingung, daß die Anmeldung noch früher als drei Tage zu geschehen habe, als ungesetzlich von der Hand zu weisen). Anderseits ist die Vertragswillkür im Statut nicht beschränkt und es kann da auf die vorherige Anmeldung verzichtet werden: man müßte sich sonst zu der Annahme bekennen, daß zur Stimmabgabe eine Anmeldung überhaupt notwendig ist. Dafür fehlt aber jeder gesetzliche Anhaltspunkt.[1]) Im Gegenteil ist sogar davon auszugehen, daß im Falle der Gesellschaftsvertrag keine Anmeldung fordert, jeder Aktionär nach allgemeinen Grundsätzen zur Generalversammlung und Stimmabgabe zuzulassen ist.[2]) Es ist denn auch unerheblich, ob das Aktionärverzeichnis bereits geschlossen war und die Generalversammlung begonnen hatte.[3])

Eine Hinterlegungsvorschrift, die einen zwingenden Charakter hat, enthält das Gesetz betr. die gemeinsamen Rechte der Besitzer von Schuldverschreibungen. (§ 10 Abs. 2.) In der Gläubigerversammlung werden nämlich nur die Stimmen derjenigen Gläubiger gezählt, welche ihre Schuldverschreibungen spätestens am zweiten Tage vor der Versammlung bei der Reichsbank, bei einem Notar oder bei einer anderen von der Landesregierung für geeignet erklärten Stelle hinterlegt haben.

4. Bedingungen des Stimmrechtes und des Teilnehmerrechtes.

Die Frage, ob die statutarischen Bedingungen für die Ausübung des Stimmrechtes ohne weiteres auch dann Geltung beanspruchen können, wenn es sich lediglich um die bloße Teilnahme an der Generalversammlung handelt, ist zu verneinen. Denn der Zweck solcher Bestimmungen ist hauptsächlich der, unberufene Elemente von der Stimmabgabe in der Generalversammlung fernzuhalten und dem wahren Willen der Aktionäre Geltung zu verschaffen. Außerdem sind Teilnahmebefugnis und Stimmrecht keineswegs identisch. (Vgl. hierüber oben S. 8.)

5. Die Form der Ausübung des Stimmrechtes.

Außer den Bedingungen über die Ausübung des Stimmrechtes darf der Gesellschaftsvertrag auch die Form regeln. Er kann namentlich einen Abstimmungsmodus aufstellen und dessen Einhaltung vorschreiben. Ausgeschlossen ist jedoch hiebei die Stimm-

---

[1]) Pinner a. a. O. § 255 II, 3.

[2]) Lehmann, Das Recht der Aktiengesellschaften, II. Bd. S. 170. Goldmann a. a. O. § 255 Ziff. 7. Lehmann-Ring a. a. O. § 255 Nr. 6 sämtliche im Gegensatz zu Staub a. a. O. § 255 Anm. 2 und Pinner § 255 II, 3.

[3]) Anderer Meinung Rießer, Die Neuerungen im deutschen Aktienrecht, Berlin 1899: Eine Anmeldung in letzter Stunde ist nicht zuzulassen.

abgabe per Akklamation oder nach Köpfen.[1]) Denn es würde dadurch unmöglich gemacht, die Größe der Aktienbeträge, wie dies § 252 Abs. 2 S. 2 zwingend befiehlt, zu berücksichtigen. Nur wenn sich kein Widerspruch in der Versammlung erhebt, kann vom Vorsitzenden diese Abstimmungsart gewählt werden.[2])

Ebenso ist sie zulässig, wenn jeder Aktionär ohne Rücksicht auf seinen Aktienbesitz überhaupt nur eine Stimme hat. Am empfehlenswertesten ist es, die Abstimmung mit Hilfe von Stimmzetteln zu betätigen, auf denen neben der Stimmenzahl noch der Name des Aktionärs vermerkt ist. Eine geheime Abstimmung, d. h. eine solche ohne Namensabgabe, vereitelt eben die Kontrolle des dem einzelnen Aktionär zukommenden Stimmverhältnisses.

Wie für das Stimmrecht selbst, ist der Gesellschaftsvertrag auch für das Diskussionsrecht befugt, Anordnungen zu treffen. Er darf die Redebauer begrenzen, ein mehrfaches Auftreten des Aktionärs zu ein und demselben Punkt der Tagesordnung für unstatthaft erklären, bei ungehörigem Verhalten des Redners den Wortentzug vorsehen usw. Jedoch ist es gesetzlich unzulässig, wenn das Statut jede Erörterung der Gesellschaftsangelegenheiten verbietet oder solche Vorschriften trifft, die eine sachgemäße Besprechung ausschließen.[3]) Darunter würde z. B. sicher eine Bestimmung fallen, derzufolge in jeder einzelnen Frage nur ein Redner auftreten darf oder der Minderheit die Möglichkeit zum Vortrag ihrer Ansicht genommen wird. Daß auch bei der Ausübung des Stimmrechtes durch einen Bevollmächtigten das Statut in rechtsverbindlicher Weise Bedingungen hiefür festsetzen kann, steht außer Zweifel. Von dem soll jedoch erst im Zusammenhang mit der Vertretung im Stimmrecht die Rede sein.

6. Die Grenzen der statutarischen Anordnungsbefugnis.

Eine allgemein gültige Grenze der Vertragswillkür aufzustellen, die beanspruchen darf, in jedem Falle Beachtung zu verdienen, und eine sichere Scheidung zwischen gesetzlich zulässigen und verbotenen Bedingungen der Form und Ausübung des Stimmrechtes zu treffen, ist theoretisch unmöglich. Denn es sind eben diese Festsetzungen nicht durch die Wissenschaft ins Leben gerufen und ausgebaut worden, sondern aus den Bedürfnissen des Verkehrs und der Praxis heraus entstanden. Die Beurteilung der rechtlichen Zulässigkeit solcher statutarischer Anordnungen kann deshalb nicht absolut geschehen, sondern sie muß relativ erfolgen unter Berücksichtigung der speziellen Verhältnisse: ob die Grenze — sie

[1]) Hergenhahn, Berufung und Tätigkeit der Generalversammlung, Berlin 1888, S. 118. Gareis, Das Handelsgesetzbuch, München 1905, § 252 Anm. 5. Vgl. auch Lehmann, Das Recht der Aktiengesellschaften, II. Bd., S. 162 Anm. 4.

[2]) Anderer Ansicht Staub a. a. O. § 252 Anm. 19.

[3]) RG. Bd. 36 S. 26.

ergibt sich, wie bereits erwähnt, aus dem Stimmrecht selbst, das nicht verletzt werden darf — in einem Gesellschaftsvertrag überschritten worden ist, bleibt dann quaestio facti.

Das Mittel gegen gesetzwidrige Beschränkungen des Stimmrechtes ist die Anfechtung des Generalversammlungsbeschlusses, der unter diesen Verhältnissen zustande gekommen ist.[1])

II. Teil.

Die Vertretung im Stimmrecht.

1. Die Rechtsnatur der Vertretung.

Unter Vertretung im Stimmrecht ist zu verstehen die rechtmäßig befugte Abgabe einer Willenserklärung — hier der Stimme in der Generalversammlung — seitens einer Person zu Recht und im Namen des Vertretenen, ausgestattet mit derselben rechtlichen Wirkung, die der Stimmabgabe zukommen würde, wenn sie durch den Vertretenen persönlich erfolgt wäre.

Aus dem Wesen der Vertretung ergibt sich schon, daß die Befugnis des Aktionärs zur Bestellung eines Vertreters da entfällt, wo er selbst ein Stimmrecht nicht für sich in Anspruch nehmen kann, sei es nun, daß es ihm das Gesetz entzieht, oder sei es, daß statutarische Bestimmungen über das Stimmaximum ihn daran hindern, über eine gewisse Höchstzahl von Stimmen hinaus als Stimmberechtigter in der Generalversammlung aufzutreten. Die Rechte des Vertreters sind eben abgeleitete, sie haben ihren Grund in der Machtbefugnis eines anderen und bestehen nur, soweit als diese nicht versagt.

Die oben erwähnten Grundsätze über die Stimmenthaltung können also nicht dadurch umgangen werden, daß der Aktionär die des Stimmrechtes darbenden Aktien einem Dritten einhändigt mit der Weisung, nach seinen Intentionen in der Generalversammlung bei der Beschlußfassung mitzuwirken. Nemo plus juris transferre potest quam ipse habet. Die Wirkungen der Vertretung erreichen in dem Wesen dieser Rechtsinstitution ihre Grenze.

Ebenso wie dem Aktionär in einem solchen Fall die persönliche Ausübung des Stimmrechtes oder dessen Geltendmachung über die Maximalstufe hinaus verweigert werden muß, ebenso ist auch eine Person zurückzuweisen, die für ihn aufzutreten es unternimmt.

Nun ist allerdings die Gesellschaft nicht immer in der Lage, von einem Vertretungsverhältnis Kenntnis zu nehmen. Zur Gültigkeit der Vertretung ist nicht erforderlich, daß der Vertreter darauf hinweist, daß er im Namen eines anderen handle oder daß

---

[1]) Pinner a. a. O. § 252 VII.

das aus den Umständen hervorgeht — offene Vertretung. Vertreter ist auch derjenige, welcher zwar in eigenem Namen, jedoch im Auftrag eines anderen tätig ist — verdeckte Vertretung. Dazu kommt hier noch, daß die Benützung des letzteren Vertretungsmodus infolge der bei den Inhaber- und Namensaktien bestehenden Trennung zwischen Recht und Rechtsausweis sehr erleichtert ist. Bei Inhaberaktien ist in der Praxis die verdeckte Vertretung sogar fast ausschließlich die Regel. Es hängt das mit der Einfachheit zusammen, mit der bei dieser Aktiengattung die Legitimation übertragen wird. Anderseits erfolgt die Vertretung von Namensaktien gewöhnlich nach den Grundsätzen der offenen Vertretung.

2. Die offene Vertretung.

a) Die Bevollmächtigung.

α) Die gesetzliche Zulässigkeit der Bevollmächtigung.

Der Aktionär kann sein Stimmrecht — ebenso auch das Teilnahmerecht — persönlich oder durch einen Bevollmächtigten ausüben.[1]) Die letztere Befugnis hat gegenwärtig in § 252 Abs. 2 HGB. einen bestimmten Ausdruck gefunden.

Das alte Handelsgesetzbuch hat über dieses Recht des Aktionärs nichts erwähnt. Es hat sich damit begnügt, Vorschriften über die Form der Vollmacht zu treffen. Die Generalklausel, daß im übrigen die Bedingungen und die Form der Ausübung des Stimmrechtes sich nach dem Gesellschaftsvertrag richten, überließ es diesem, ob überhaupt und inwieweit er die Geltendmachung des Stimmrechtes durch einen Bevollmächtigten zulassen wolle.

Nunmehr ist die Vorschrift des § 252 Abs. 2 S. 1 zwingender Natur und der Abänderung durch das Statut entzogen, das zwar das Recht der Bevollmächtigung an die Beobachtung von gewissen Bedingungen knüpfen, aber niemals gänzlich ausschließen oder doch illusorisch machen darf.[2]) Das Statut kann deshalb in rechtsverbindlicher Weise den Kreis derjenigen Personen, die als Bevollmächtigte aufgestellt werden dürfen, einengen. Die Ansicht Rings, daß Beschränkungen hinsichtlich der Person des Bevollmächtigten unwirksam seien, steht in der Literatur ziemlich vereinzelt da. Sie befindet sich im Widerspruch mit der Rechtsprechung des Reichsgerichts, das unterm 23. Mai 1903[3]) und 2. Dezember

---

[1]) Vgl. § 43 Abs. 4 d. GenG., wo diese Befugnis regelmäßig nicht gewährt wird.

[2]) Staub a. a. O. § 252 Anm. 7. Pinner a. a. O. § 252 IV, 3. Lehmann-Ring § 252 Nr. 6. Lehmann a. a. O. II. Bd. S. 165, cf. Anm. 4 dortselbst.

[3]) RG. Bd. 55 S. 41.

1903 [1]) entschieden hat, daß eine statutarische Anordnung des Inhalts, daß ein Aktionär, der sein Stimmrecht nicht persönlich ausüben kann oder will, als Bevollmächtigter nur einen Aktionär bestellen darf, gültig ist: „Eine derartige Bestimmung hebt die Befugnis, durch einen hiezu schriftlich Bevollmächtigten die Aktionärrechte geltend zu machen, nicht auf, und fällt unter die Bedingungen für die Ausübung des Stimmrechtes, welche nach § 252 Abs. 4 auch jetzt noch mit rechtlicher Wirkung aufgestellt werden können und alle Aktionäre gleichmäßig treffen." [2]) Gesetzwidrig ist es ferner nicht, wenn Vorstands- und Aufsichtsratsmitgliedern in Fällen, in denen diese ein Stimmrecht ausüben dürfen (§ 252 Abs. 3), oder sogar den Aktionären überhaupt die Übernahme einer Vertretung untersagt ist. Eine Bestimmung der letzteren Art geht von der Annahme aus, daß Nichtaktionäre in unparteiischerer Weise die Interessen des Vertretenen wahrnehmen, weil eine Kollision dieser mit den ihrigen nicht zu befürchten ist.

Unzweifelhaft darf das Statut auch andere Qualifikationserfordernisse aufstellen. So kann es als die Voraussetzung für die Übernahme einer Vollmacht Bedingungen, wie männliches Geschlecht, Volljährigkeit (von der ja nach § 165 BGB. keineswegs die Gültigkeit einer Willenserklärung des Vertreters abhängig ist), inländische Staatsangehörigkeit, Besitz der bürgerlichen Ehrenrechte usw. vorschreiben. Ebenso ist es nicht ungesetzlich, wenn der Gesellschaftsvertrag anordnet, daß der Bevollmächtigte nur den Aktienbesitz eines Aktionärs [3]) oder nur eine gewisse Maximalzahl von Aktien in seiner Hand vereinigen darf.

Im ganzen ist statutarischen Beschränkungen hinsichtlich der Wahl des Vertreters ein viel weiterer Spielraum zu gewähren als Anordnungen für die persönliche Wahrnehmung des Stimmrechtes. Denn es handelt sich hier nicht um das Stimmrecht selbst, als vielmehr um eine besondere Art seiner Geltendmachung durch Dritte. Gesetzwidrig sind nur solche Bestimmungen, die dem Aktionär die Möglichkeit benehmen, einen Vertreter zu wählen oder diese Wirkung haben. Wann das der Fall ist, bleibt auch hier Tatfrage. Unzweifelhaft trifft es bei der früher häufig in den Statuten wiederkehrenden Vorschrift zu, daß Aktionäre, die am Orte der Generalversammlung ihren Wohnsitz haben, sich nicht durch einen Bevollmächtigten in ihr vertreten lassen können.

Sehr bedenklich erscheint ferner die rechtliche Zulässigkeit von Anordnungen des Gesellschaftsvertrages, daß nur Personen, die mit dem Vertretenen in einem gewissen Verwandtschaftsverhältnisse stehen, als Vertreter gewählt werden dürfen. Der Aktionär ist hiebei unter Umständen auf einen sehr kleinen Kreis von Repräsen-

---

[1]) Vgl. Entsch. in Holdheims Monatsschrift Jahrg. 1904 S. 164.
[2]) RG. Bd. 55 S. 41; dagegen insbesondere Goldmann a. a. O. § 252 Ziff. 6.
[3]) Vgl. § 43 Abs. 4 S. 3 d. GenG.

tanten angewiesen, so daß es leicht möglich ist, daß er einen solchen gar nicht findet. Weiters muß er auch immerhin eine gewisse freie Wahl haben, insbesondere braucht er sich niemand als Bevollmächtigten aufdrängen lassen.

Über die praktische Zweckmäßigkeit einer engen Begrenzung des Personenkreises, aus dem die Vertreter für die Generalversammlung zu nehmen sind, läßt sich streiten. Es findet hier das Urteil Riesenfelds[1]) zutreffende Anwendung, das dieser über die statutarische Vorschrift, daß ein Aktionär sich nur durch einen Aktionär vertreten lassen dürfe, abgegeben hat, und das auch allgemein gilt: er sagt nämlich, daß eine derartige statutarische Bestimmung leicht Mißhelligkeiten insoferne im Gefolge haben könne, als sie Aktionäre, welche ihre Aktien bereits auf eigenen Namen angemeldet haben, dann aber durch unvorgesehene Behinderung von der persönlichen Wahrnehmung der Generalversammlung abgehalten sind und einen vertretungsberechtigten Mitaktionär in der Eile nicht mehr finden, der Möglichkeit zur Ausübung ihres Stimmrechtes und zur Vertretung ihrer Interessen beraubt. Riesenfeld ist daher für Streichung solcher Vorschriften.

Diese Bedenken gelten jedoch nicht für den Fall, in dem das Gesetz selbst gewissen Personen die Übernahme einer Vertretung verboten hat. Wer durch die Beschlußfassung entlastet oder von einer Verpflichtung befreit werden soll, darf hiebei ein Stimmrecht nicht für andere ausüben. Dasselbe gilt auch sonst, wo eine Interessenkollision zu befürchten ist. (Vgl. § 252 Abs. 3 HGB.)

Sehr bestritten ist, ob das Aktienrecht die persönlich haftenden Gesellschafter bei der Aktienkommanditgesellschaft von der Übernahme einer Bevollmächtigung ausgeschlossen hat. Die Frage ist zu bejahen. Geht man davon aus, daß § 327 Abs. 1 HGB. den persönlich haftenden Gesellschaftern jede beschließende Einwirkung auf die Generalversammlung versagt hat, und faßt man diese Anordnung nicht einseitig, so ist sie ohne Zweifel dahin zu erweitern, daß diese (die persönlich haftenden Gesellschafter) auch nicht als Vertreter von Aktionären einen entscheidenden Einfluß sich verschaffen können.

Unter der Form der Vertretung könnte dann das gesetzliche Stimmverbot, das für sie besteht, jederzeit leicht umgangen werden.

Es ist das die Kehrseite von dem Fall, über dessen rechtliche Beurteilung man allerseits einig ist, daß ein Nichtstimmberechtigter seine Aktien zur Vertretung einem anderen übergibt; hier stimmt ein vom Stimmrecht Ausgeschlossener als Bevollmächtigter. Die Motive zum Aktiengesetz von 1884 verneinen das Recht des persönlich haftenden Gesellschafters zur Übernahme einer Vertretung seitens eines Kommanditisten und führen hiezu aus, daß es deswegen unmöglich sei, weil jeder Generalversammlungsbeschluß auf eine

---

[1]) Riesenfeld a. a. O. S. 71.

Vereinbarung zwischen Komplementar und der in der Generalversammlung vertretenen Gesamtheit der Kommanditisten hinziele. Aus diesem Verhältnis aber, welches schon darin seinen Ausdruck gefunden habe, daß die Generalversammlung der Kommanditisten in allen ihr zugewiesenen Funktionen den persönlich haftenden Gesellschaftern gegenübergestellt werde, folge zugleich, daß die letzteren auch für sich, sei es, wenn sie am Kommanditkapital beteiligt, sei es, wenn sie Aktien anderweitig erworben hätten, ein Stimmrecht weder selbst noch für andere ausüben dürften. Trotz des Besitzes von Kommanditaktien höre der persönlich haftende Gesellschafter nicht auf, solcher zu sein und werde nicht Kommanditist, d. h. ein sich nur mit Vermögenseinlagen beteiligender Gesellschafter.[1])

Für die Zulässigkeit einer Bevollmächtigung der persönlich haftenden Gesellschafter treten insbesondere Ring[2]) und Staub[3]) ein. Letzterer erblickt in dem Gegenteil eine Einschränkung des obersten Rechts des Aktionärs über Gebühr. Hievon kann jedoch nicht die Rede sein; denn es ist vom Gesetze nur der Kreis der Personen, die als Bevollmächtigte gewählt werden dürfen, eingeengt.

Anderseits geht Pinner[4]) sogar direkt davon aus, daß durch die Fassung des Gesetzes die Streitfrage in verneinendem Sinne entschieden sei, da den persönlich haftenden Gesellschaftern das Stimmrecht versagt ist, auch wenn sie Aktien besitzen. „Besitzen sie keine Aktien, so können sie naturgemäß nur für andere stimmen; in dem Worte „auch" ist daher ausgedrückt, daß ihnen auch dann das Stimmrecht versagt ist."

β) Die Form der Vollmacht.

Außer der prinzipiellen Zulässigkeit der Bevollmächtigung hat das Gesetz auch die Form der Vollmacht in bindender Weise geregelt. § 252 Abs. 2 HGB. bestimmt nämlich:

„Für die Vollmacht ist die schriftliche Form erforderlich und genügend; die Vollmacht bleibt in der Verwahrung der Gesellschaft."

Wie schon aus der Fassung des Gesetzes hervorgeht, ist der Gesellschaftsvertrag nicht in der Lage, hier Erleichterungen oder Erschwerungen eintreten zu lassen. Auch die Generalversammlung oder ein anderes Gesellschaftsorgan kann keine Änderung vornehmen.

Es ist ungültig, wenn der Aktionär dem zu Bevollmächtigenden die Vollmacht mündlich erteilt oder der Aktiengesellschaft mündlich,

---

[1]) Heymann, Entwurf S. 313.
[2]) Lehmann-Ring a. a. O. § 327 Nr. 1.
[3]) Staub a. a. O. § 327 Anm. 2.
[4]) Pinner a. a. O. § 327 IV.

etwa telephonisch, zur Kenntnis bringt, daß er eine bestimmte Person als Bevollmächtigten für die Generalversammlung aufgestellt habe.

Dadurch würde auch der Zweck der Vollmacht unmöglich gemacht: die Schriftlichkeit soll nämlich dazu dienen, die Legitimation desjenigen, der als Bevollmächtigter das Stimmrecht eines anderen ausüben will, zu prüfen und zu verhindern, daß von einem Aktionär über den im Gesellschaftsvertrag bestimmten Höchstbetrag hinaus das Stimmrecht durch andere Personen ausgeübt werde.[1]) (Allerdings war man sich bereits von Anfang an klar, daß die Bestimmung praktischen Wert nur für Namensaktien beanspruchen könne.)

Anderseits ist es aber auch nicht gestattet, eine erschwerte Form für die Ausstellung der Vollmacht zu fordern. Insbesondere kann das Statut keine gerichtliche oder notarielle Beglaubigung der Unterschrift oder gar die Aufnahme eines Protokolls oder einer öffentlichen Urkunde über den Bevollmächtigungsakt verlangen. Über die Gesetzwidrigkeit einer solchen statutarischen Anordnung ist man sich jetzt so ziemlich einig. Sie ergibt sich schon aus der Entstehungsgeschichte des Gesetzes.

Der Entwurf der Aktiennovelle von 1884 verlangte für die Vollmacht lediglich die einfache Schriftform. Bei der Beratung in der Reichstagskommission wurde ein Antrag gestellt, daß die Vollmachten zu beglaubigen seien. Es fand sich jedoch hiefür keine Majorität und der Antrag kam nicht einmal vor das Plenum. — Auch bei der Beratung des HGB. von 1896 knüpfte sich in der Kommission eine längere Debatte an diesen Punkt. Es lag ein Antrag vor, den § 247 Abs. 2 des Entwurfes (jetzt § 252 Abs. 2) wie folgt zu fassen: „Das Stimmrecht kann durch einen Bevollmächtigten ausgeübt werden; Vollmachten erfordern zu ihrer Gültigkeit die schriftliche Form, die für die Ausübung des Stimmrechtes genügt..." Die Begründung führte aus, in vielen Statuten sei nicht nur die schriftliche Form für die Vollmacht vorgeschrieben, sondern es seien weitere erschwerende Vorschriften gemacht, beispielsweise notarielle Beglaubigung vorgeschrieben. Vielfach sei dem Vorstande vorbehalten, darüber zu entscheiden, ob die schriftliche Form genüge. Mehr als die schriftliche Form zu verlangen, werde den Erfolg haben, eine Reihe von Aktionären von der Generalversammlung fernzuhalten, da sie nicht willens- oder geschäftskundig genug seien, um die vorgeschriebenen Formalitäten zu erfüllen. Eine ausdrückliche Bestimmung im Gesetze sei wünschenswert, dahingehend, daß mehr als die schriftliche Form für die Ausübung des Stimmrechtes nicht verlangt werden dürfe. Trotzdem von anderer Seite entgegengehalten wurde, daß es besser sei, jeder Aktiengesellschaft die Regelung dieser Formalitäten zu

[1]) Heymann, Entwurf S. 232.

überlassen und es zulässig sein müsse, zur größeren Sicherheit im Statut notarielle Vollmachten vorzuschreiben oder dem Vorstand das Recht zu geben die Vollmacht zu prüfen und zu beglaubigen oder noch weitere Erfordernisse vorzuschreiben, wurde der Antrag angenommen und er fand auch ins Gesetz mit einer geringen redaktionellen Änderung Aufnahme.[1])

Auch das Reichsgericht erkennt ausdrücklich an, daß das Gesetz, welches das Aktienrecht abschließend regelt, keinen Anhaltspunkt dafür bietet, daß unter Umständen die Beglaubigung der Vollmacht gefordert und der mit einfacher schriftlicher Vollmacht versehene Bevollmächtigte wegen Mangel der Beglaubigung von der Teilnahme an der Generalversammlung rechtswirksam ausgeschlossen werden dürfe.[2])

Was gegenwärtig unter schriftlicher Form zu verstehen ist, bestimmt sich nach § 126 BGB. Die Vollmacht muß darnach von dem Aussteller eigenhändig durch Namensunterschrift oder durch gerichtlich oder notariell beglaubigtes Handzeichen unterzeichnet werden. Einen Ersatz findet die Schriftlichkeit in der gerichtlichen oder notariellen Beurkundung.

Die Zulassung einer Generalvollmacht unterliegt keinerlei Bedenken, soweit sie nur hinreichend erkennen läßt, daß ihr Inhaber auch zur Ausübung der Verwaltungsrechte für die Aktien ermächtigt sein soll. Allerdings wird die Praxis wenig darauf zurückkommen, da einerseits die Vollmachten dauernd in der Verwahrung der Gesellschaften bleiben und anderseits wenig Neigung besteht, sich eines so wichtigen Dokumentes wie einer Generalvollmachtsurkunde für immer zu begeben. Eine bloße, wenn auch beglaubigte Abschrift erfüllt streng genommen die Erfordernisse der Schriftlichkeit nicht.

Die Frage, ob mehrere Bevollmächtigte von einem Aktionär ernannt werden dürfen, ist in der Literatur größtenteils dahin entschieden worden, daß eine Kollektivvertretung statthaft ist.[3]) Die Stimmabgabe hat dann, wenn nach dem Inhalt der Vollmacht die Vertreter nur gemeinschaftlich handeln dürfen, oder eine Einigung auf einen Stimmrechtsträger nicht zustande kommt, einheitlich zu geschehen. Nach unserer Ansicht ist es überhaupt sehr zweifelhaft, ob eine Kollektivvertretung im Hinblick auf die Vorschrift des § 225 HGB., derzufolge selbst mehrere Mitberechtigte die Rechte aus der Aktie nur durch einen gemeinschaftlichen Vertreter ausüben können, erlaubt ist. Sicher jedoch kann das Statut sie auf Grund der Generalklausel des § 252 Abs. 4 verbieten. — Ebenso ist es auch nicht unzulässig, wenn der Gesellschaftsvertrag einen bestimm-

---

[1]) Hahn, Materialien S. 601.

[2]) RG. Bd. 40 S. 84.

[3]) Simon a. a. O. S. 271, vgl. Anm. 34. Staub a. a. O. § 252 Anm. 11. Anderer Meinung: Lehmann, Das Recht der Aktiengesellschaften, II. Bd S. 166 Anm. 6; Goldmann a. a. O § 252 Ziff. 14 Abs. 2.

ten Inhalt der Vollmacht oder deren Hinterlegung einige Tage vor der Generalversammlung anordnet.[1])

Die nämlichen Formvorschriften für die Vollmacht wie bei der Aktiengesellschaft bestehen auch bei der Gesellschaft mit beschränkter Haftung § 47 Abs. 3, jedoch hier nicht zwingend (§ 45), und im Schuldverschreibungsgesetze § 10 Abs. 3.

γ) Die internen Verhältnisse zwischen Vollmachtgeber und Bevollmächtigten.

Das interne Verhältnis zwischen Vollmachtgeber und Bevollmächtigten ist für die Aktiengesellschaft gleichgültig. Insbesondere ist sie nicht befugt, das der Vollmachtserteilung zugrunde liegende Rechtsgeschäft einer Untersuchung zu unterziehen. Innerhalb ihres Interesses kann es auch nicht sein, darauf einzugehen, ob der Bevollmächtigte den Umfang seiner Vollmacht überschritten oder ob er sich an die ihm erteilten Weisungen und Instruktionen gehalten hat. Desgleichen liegt es in der Natur der Sache, daß auf Willensmängel in der Person des Vertreters keine Rücksicht genommen wird. Würde man die Rechtswirksamkeit einer Stimmabgabe aus einem derartigen Grunde in Zweifel ziehen, so hieße das die Grundlage einer geordneten Verwaltung ins Wanken bringen und der Chikane Tür und Tor öffnen. Es wäre das ferner in Widerspruch mit der autoritativen Herrscherstellung der Generalversammlung, wo doch nicht rechtsgeschäftliche Willenserklärungen abgegeben, sondern Herrschaftsrechte ausgeübt werden.

Eine Substitutionsbefugnis, d. h. das Recht, die ausgehändigte Vollmacht selbst wieder einem Dritten zu übertragen, kommt dem Bevollmächtigten nach Lage der Umstände wohl nicht zu. Die Erwägung, daß der Aktionär in der Regel die Vollmacht auf einen bestimmten Namen ausstellt und ein Blankett wohl selten von ihm ausgehändigt wird, rechtfertigt außer der Tatsache, daß der Bevollmächtigte immerhin eine gewisse Vertrauensstellung einnimmt, die Annahme, daß dem Auftraggeber die Person seines Vertreters nicht gleichgültig ist. Auch sonstige Bedenken lassen sich anführen: dem Aktionär wird die Möglichkeit benommen oder doch wenigstens erschwert, den Substituten zu kontrollieren und ihn gegebenenfalls zur Verantwortung zu ziehen. Der Aktiengesellschaft selbst würde die Prüfung der Vollmacht nicht unerhebliche Schwierigkeiten bereiten, sobald eine Reihe von Vollmachtsübertragungen vorliegen.

Die Vollmacht zur Vertretung in der Generalversammlung ist wie jede andere beliebig dem Widerrufe unterstellt. (§ 168 BGB.) Dieser muß, da die Gesellschaft die Vollmacht in Verwahrung nimmt, ihr gegenüber erklärt werden. An und für sich

---

[1]) Vgl. hierüber die Verhandlungen in der Reichstagskommission bei Beratung des Handelsgesetzbuchs von 1896, Hahn, Materialien S. 603 ff.

bleibt die Vertretungsmacht bestehen, bis die Vollmachtsurkunde dem Aktionär zurückgegeben oder für kraftlos erklärt wird. Jedoch wenn die Gesellschaft ihr Erlöschen vor oder während der Generalversammlung erfährt oder kennen muß, so treten die Wirkungen des Erlöschens schon von da ab ein. (§§ 172 Abs. 2, 178 BGB.) Der Umstand, daß der Vertreter bereits in das ausgelegte und vom Vorsitzenden der Generalversammlung unterschriebene Präsenzverzeichnis eingetragen ist, gibt ihm kein Recht zum Mitstimmen. Andererseits darf auch dem Widerruf nicht rückwirkende Bedeutung beigelegt werden, so daß etwa gefaßte Beschlüsse nochmals einer neuerlichen Abstimmung unterstellt werden bräuchten.

Hat der Aktionär lediglich dem Bevollmächtigten die Zurücknahme seiner Vertretungsmacht angezeigt und es verabsäumt, der Gesellschaft hievon Mitteilung zugehen zu lassen, so ist dieser zwar nach außen hin noch legitimiert, in der Generalversammlung aufzutreten, intern dagegen ist er nicht mehr berechtigt. Er ist seinem Auftraggeber schadensersatzpflichtig und hat sich außerdem auch strafrechtlich zu verantworten.

δ) Das Prüfungsrecht der Gesellschaft.

Die Echtheit der Vollmacht und die Berechtigung zur Vollmachtserteilung darf von Seite der Gesellschaftsorgane einer Prüfung unterzogen werden. Diese Folgerung kann nicht von der Hand gewiesen werden, es sei denn, daß der Zweck der Schriftform vollkommen außer acht gelassen würde. Ja es wird auch im Interesse der Gesellschaft liegen, hier eine gewisse Vorsicht walten zu lassen, damit nicht infolge der Beteiligung Unberechtigter an der Abstimmung eine Anfechtung der Generalversammlungsbeschlüsse herbeigeführt wird. Zweifellos müssen Personen, die mit einer Vollmacht erscheinen, die von einem Nichtaktionär oder von einem nicht im Aktienbuche eingetragenen Aktionär ausgestellt ist, zurückgewiesen werden. Anderseits können durch ihre Vollmacht ordnungsgemäß legitimierte Vertreter von der Ausübung des Stimmrechtes nicht abgehalten werden.

Die Entscheidung darüber, ob eine echte Vollmacht vorhanden ist oder ob die gegebene ausreichend und den gesetzlichen und statutarischen Formerfordernissen entspricht, steht in erster Linie bei der Generalversammlung.[1]) Es ergibt sich das als eine Konsequenz des allgemein geltenden Grundsatzes, daß jede Versammlung die Legitimationsprüfung ihrer Mitglieder vorzunehmen berechtigt ist. Jedoch kann der Gesellschaftsvertrag auch ein anderes Organ, etwa die Direktoren oder den Aufsichtsrat oder eine besondere Kommission mit der Prüfung der Vollmacht betrauen.

Wie bei Bedenken über die Echtheit einer vorgelegten Vollmacht zu verfahren ist und welche Folgen eine ungerechtfertigte

[1]) RG. Bd. 34 S. 116.

Zurückweisung eines Bevollmächtigten haben kann, ist in einer Entscheidung des Reichsgerichts des näheren auseinandergelegt:[1]) Der Gefahr der Mitwirkung eines Unberechtigten kann dadurch begegnet werden, daß dem Bevollmächtigten ohne weiteres entweder die Zulassung versagt oder ihm zunächst eine Frist zur Behebung der obwaltenden Bedenken gewährt, und wenn er diese Frist ungenützt verstreichen läßt, seine Nichtzulassung ausgesprochen wird. In jedem Falle aber erfolgt die Zurückweisung auf die Gefahr hin, daß die ohne Mitwirkung des Bevollmächtigten gefaßten Beschlüsse mit Erfolg angefochten werden können, wenn nicht dargetan wird, daß die Vollmacht in Wahrheit unecht, die Zurückweisung des Bevollmächtigten also gerechtfertigt war. Denn das Fehlen der Beglaubigung allein, zu deren Beschaffung der Bevollmächtigte weder nach dem Gesetz noch nach dem Statut verpflichtet ist, vermag seine Ausschließung nicht zu rechtfertigen.

b) Die gesetzliche Vertretung.

α) Die Zulässigkeit der gesetzlichen Vertretung.

Unter gesetzlicher Vertretung im engeren Sinne versteht man die Fälle, in denen für ein Rechtssubjekt, das geschäftsunfähig oder in der Geschäftsfähigkeit beschränkt oder nicht in der Lage ist, seine Angelegenheiten in geeigneter Weise zu besorgen, kraft Gesetzes, unter Umständen sogar wider seinen Willen, ein Vertreter bestellt wird mit der Maßgabe, für das Vermögen und die Person des Fürsorgebedürftigen oder nur für das eine von beiden zu sorgen und insbesondere diesen zu vertreten.

Die Vertretungsbefugnis beruht hier nicht auf Rechtsgeschäft, sondern auf gesetzlicher Anordnung; sie ist mit dem Amte des Vertreters verbunden. Die Hauptfälle der gesetzlichen Vertretung finden sich im Familienrecht.

Eine Vertretungsbefugnis, die der eines gesetzlichen Vertreters gleichkommt, steht solchen Personen zu, die nach ihrer Rechtsstellung eine gewisse Verfügungsmacht über fremde Vermögensrechte haben. Es gilt dies vor allem von dem Ehemann, der auf Grund des ehelichen Güterrechtsverhältnisses eine Verwaltungsbefugnis über das Vermögen seiner Frau besitzt. (Gesetzlicher Vertreter der Frau ist er nach dem BGB. nicht.) Ebenso zählt hieher der Testamentsvollstrecker und der Konkursverwalter.

Den Wirkungskreis und darum auch die Stellung eines gesetzlichen Vertreters haben die Vorstände der juristischen Personen.

Über die Zulässigkeit der gesetzlichen Vertretung bei der Abstimmung in der Generalversammlung ist kein Wort zu verlieren. Sie wurde schon von Alters her anerkannt und das Aktienrecht

---

[1]) RG. Bd. 40 S. 85.

hat sie zu allen Zeiten noch als etwas ganz Selbstverständliches hingenommen. Dieses Institut ist für eine Reihe von Rechtssubjekten die einzige Möglichkeit, ihren Willen in der Generalversammlung überhaupt oder doch rechtswirksam zum Ausdruck zu bringen. Der gesetzliche Vertreter ist das Organ, durch das das Rechtssubjekt tätig wird. Er steht völlig an Stelle des handlungsunfähigen Aktionärs und darf darum nur denselben statutarischen Beschränkungen und Ausschließungsgründen unterstellt werden, die den vertretenen Aktionär treffen würden, wenn er sein Stimmrecht persönlich ausüben würde.

Der gesetzliche Vertreter ist insbesondere nicht in der Rechtslage eines „Bevollmächtigten" und die für diesen geltenden Bedingungen über die Ausübung des Stimmrechtes existieren für ihn nicht. Darum findet auf die gesetzliche Vertretung nicht die in vielen Statuten vorkommende Beschränkung Anwendung, wonach kein Aktionär mehr wie eine bestimmte Anzahl von Stimmen für sich und in Vertretung anderer in der Generalversammlung zu führen berechtigt sein soll.[1])

Diese Grundsätze gelten nicht bloß für die gesetzliche Vertretung im Sinne des Familienrechtes, sondern ganz allgemein überall da, wo ein Rechtssubjekt eines eigenen Organes bedarf, um seinen Willen rechtswirksam äußern zu können, oder wo mit der Verwaltung einer Vermögensmasse eine Vertretungsmacht verbunden ist. Der so erweiterte Begriff der gesetzlichen Vertretung ergibt sich nach dem jeweils bestehenden Bürgerlichen Rechte.

β) Die einzelnen Fälle der gesetzlichen Vertretung.

1. Die gesetzliche Vertretung im Familienrecht durch elterlichen Gewalthaber und Vormund.

Als gesetzlicher Vertreter eines Minderjährigen ist in erster Linie zu nennen der Inhaber der elterlichen Gewalt. Als solcher hat der Vater (§ 1627 BGB.), eventuell in den Fällen der §§ 1684, 1685 BGB. die Mutter das Recht und die Pflicht, für das Vermögen des Kindes zu sorgen und dieses zu vertreten. Damit ist dem Gewaltinhaber auch die Ermächtigung eingeräumt, für die Aktien des Kindes, soweit sie sich in dem seiner Verwaltung unterliegenden Vermögen befinden, in der Generalversammlung das Stimmrecht auszuüben. Bei seiner Behinderung muß dieses Recht von einem Pfleger wahrgenommen werden. (§ 1909 BGB.) Ist diese nur vorübergehend, etwa bloß für eine einzelne Generalversammlung, in der der Gewalthaber den Aktienbesitz seines Kindes zur Geltung bringen will, so ist er zweifellos berechtigt, eine dritte Person dorthin zu entsenden. Wenn auch das Verwaltungs-

---

[1]) Hergenhahn, a. a. O. S. 121.

recht des elterlichen Gewalthabers höchst persönlich und nicht übertragbar ist, so folgt daraus noch nicht, daß er jede erforderliche Maßregel selbst treffen muß und sich hiebei nicht fremder Hilfe bedienen darf. — Für die Mutter kann die Vermögensverwaltung ganz oder teilweise ein Beistand besorgen. (§ 1687 ff. BGB.)

Gesetzlicher Vertreter ist ferner der Vormund: seiner Fürsorge kann sowohl ein Minderjähriger anvertraut sein, der nicht unter elterlicher Gewalt steht oder dessen Eltern weder in den die Person noch das Vermögen betreffenden Angelegenheiten zu seiner Vertretung befugt sind oder dessen Familienstand nicht zu ermitteln ist (§ 1773 BGB.), als auch ein Volljähriger, der wegen Geistesschwäche, Verschwendung oder Trunksucht entmündigt ist. (§ 1896 BGB.) Dem Vormund kommt ähnlich wie dem Inhaber der elterlichen Gewalt das Recht und die Pflicht zu, für die Person und das Vermögen des Mündels zu sorgen und den Mündel zu vertreten. (§ 1793 BGB.) Nur untersteht er einer schärferen Aufsicht und Kontrolle von Seite des Vormundschaftsgerichtes. Insbesondere hat er Inhaberpapiere, demnach auch Inhaberaktien, bei einer Hinterlegungsstelle oder bei der Reichsbank zu hinterlegen und zwar derart, daß die Herausgabe nur mit der Genehmigung des Vormundschaftsgerichtes verlangt werden kann. (§ 1814 BGB.)

Insoferne wird also immerhin das Vormundschaftsgericht bei der Anmeldung der Aktien zur Generalversammlung zu einer Mitwirkung berufen sein. Im übrigen ist eine obervormundschaftliche Genehmigung der Stimmabgabe nicht erforderlich. Eine solche käme nur dann in Frage, wenn es sich um eine Beschlußfassung handeln würde, die eine Aufhebung des Aktienrechtes zur Folge hätte.

Hier würde offenbar eine Verfügung über ein Recht vorliegen, kraft dessen der Mündel eine Leistung verlangen kann und zu der nach § 1812 BGB. die Genehmigung des Gegenvormundes, bzw. des Vormundschaftsgerichts nötig wäre.

Der Vertreter des Vormundes bei Verhinderungsfällen ist der Pfleger, § 1909 BGB., dem auch in einzelnen Spezialfällen eine Vermögensverwaltungsbefugnis zukommt, so wenn er für einen gebrechlichen Volljährigen oder für einen Abwesenden oder für eine Leibesfrucht oder für einen Unbekannten oder für eine öffentliche Sammlung bestellt wird. (§§ 1910—1914 BGB.)

2. Die gesetzliche Vertretung als Ausfluß der Verwaltungsbefugnis über Vermögensmassen, insbesondere im ehelichen Güterrecht.

Auch ein Nachlaßpfleger (§ 1960 BGB.) oder ein Nachlaßverwalter (§ 1985 BGB.) oder ein Testamentsvollstrecker (§§ 2197 ff. BGB.) kann in die Lage kommen, vertretungsweise ein Stimmrecht in der Generalversammlung auszuüben. Hiebei ist jedoch zu bemerken, daß der Testamentsvollstrecker von den Erben keinerlei Weisungen entgegenzunehmen braucht, in welchem Sinne er zu stimmen hat, wie er ja überhaupt Anordnungen des Erben nicht befolgen muß. Hätte dagegen der Erblasser in einer letztwilligen Verfügung dem Testamentsvollstrecker über sein Verhalten für die Zeit nach seinem Tode Vorschriften an die Hand gegeben, so müßte er sich diese zur Direktive nehmen. (§ 2216 BGB.) Das Gericht ist aber in der Lage, ihn von deren Einhaltung zu befreien. (§ 2216 BGB. Abs. 2 S. 2.)

Ist eine Person, in deren Besitz Aktien sich befinden, in Konkurs geraten, so hat die Stimmabgabe in der Generalversammlung der Konkursverwalter vorzunehmen. Der Gemeinschuldner hat keinen Anspruch darauf; denn mit der Eröffnung des Konkurses ist er nicht mehr in der Lage, sein zur Konkursmasse gehöriges Vermögen zu verwalten und über dieses zu verfügen; es wird dieses Recht durch den Konkursverwalter ausgeübt. (§ 6 KO.)

Die Verwaltungsbefugnis des Ehemannes räumt diesem bei dem gesetzlichen Güterstand der Verwaltung und Nutznießung das Recht ein, die zum eingebrachten Gut gehörigen Aktien in der Generalversammlung zu vertreten. (§ 1374 BGB.) Er ist damit auch ermächtigt, die zur Anmeldung der Aktien erforderliche Hinterlegung vorzunehmen. Der Zustimmung der Frau bedarf er hiezu nicht; denn es handelt sich nicht um Verfügung im Sinne des § 1375, um eine unmittelbare Bewirkung der dinglichen Rechtsänderung.

Beim Gesamtgut der allgemeinen Gütergemeinschaft, sowie beim Gesamtgut und eingebrachten Gut der Errungenschafts- und Fahrnisgemeinschaft (§§ 1443, 1519 Abs. 2, 1525 Abs. 2, 1549, 1550 BGB.) ist ebenfalls der Mann der berufene Vertreter der Aktien in der Generalversammlung, soweit solche in den einzelnen Gütermassen sich befinden. Im Falle der fortgesetzten Gütergemeinschaft obliegt die Vertretung von zum Gesamtgut gehörigen Aktien dem überlebenden Ehegatten. (§§ 1483 ff., 1487 BGB.) Ist zwischen den Ehegatten Gütertrennung vereinbart oder bei der allgemeinen Gütergemeinschaft ein Sondergut oder bei der Errungenschafts- und Fahrnisgemeinschaft ein Vorbehaltsgut der Frau ausbedungen, so ist der Mann nur dann berechtigt, das Stimmrecht für hiezu gehörige Aktien der Frau geltend zu machen, wenn sie ihm die Aktien oder die Vermögensmassen überhaupt zur Verwaltung überlassen hat. (§§ 1430, 1441, 1526 Abs. 3 BGB.)

3. Die gesetzliche Vertretung bei juristischen Personen.

Bei einer juristischen Person, sei es nun eine solche des Bürgerlichen oder des öffentlichen Rechtes, wird das Stimmrecht in der Generalversammlung durch diejenigen Organe ausgeübt, welche sie in Vermögensangelegenheiten zu vertreten berufen sind. Bei den rechtsfähigen Vereinen und den Stiftungen, der Aktiengesellschaft, den Erwerbs- und Wirtschaftsgenossenschaften ist das der Vorstand (§§ 26, 86 BGB., § 231 HGB., § 24 des Ges. betr. die Erwerbs- und Wirtschaftsgenossenschaften), bei der Kommanditgesellschaft auf Aktien sind es die persönlich haftenden Gesellschafter (§ 320 HGB.) und bei der Gesellschaft mit beschränkter Haftung die Geschäftsführer (§ 35 d. Ges.). Auch die Liquidatoren haben als gesetzliche Vertreter zu gelten.

Der Fiskus, die Körperschaften und Anstalten des öffentlichen Rechts pflegen als Vertreter der in ihrem Besitze befindlichen Aktien gewöhnlich Beamte der Finanzverwaltung zur Geltendmachung ihres Stimmrechtes in die Generalversammlung zu entsenden.

Die juristischen Personen sind häufig durch einen mehrgliedrigen Vorstand vertreten und zwar derart, daß die sämtlichen Mitglieder des Vorstandes nur zusammen eine Willenserklärung abgeben können (Kollektivvertretung). Zur Wirksamkeit der Stimmabgabe ist es aber nicht notwendig, daß die sämtlichen Vertreter in der Generalversammlung erscheinen und die Stimmabgabe gemeinschaftlich betätigen. Sie können auch einem einzelnen von ihnen Vollmacht erteilen. Anwesende Gesamtvertreter jedoch müssen einheitlich in bestimmtem Sinne sich entscheiden; andernfalls wäre eine Berücksichtigung der abgegebenen Stimmen unzulässig. Ob und in welcher Weise dann eine Einigung zwischen den einzelnen Vorstandsmitgliedern erzielt worden ist, ist ein Internum, das sich der Nachprüfung durch die Gesellschaft entzieht.

γ) Der Nachweis der gesetzlichen Vertretung.

Der Nachweis der Vertretungsbefugnis des gesetzlichen Vertreters hat nicht notwendig durch eine Vollmacht zu geschehen. Denn es handelt sich hier um eine Zwangsvertretung, nicht um eine vertragsmäßige, für die lediglich § 252 Abs. 2 HGB. Anwendung findet.

Immerhin aber muß die Aktiengesellschaft nicht über die Person des Vertreters und den Grund seiner Vertretungsmacht im Ungewissen bleiben oder sich etwa mit bloßen Vermutungen begnügen. Sie kann verlangen, daß der Vertreter in irgend einer Weise seine Legitimation außer Zweifel stellt.

Gesetzliche Vertreter, die auf Grund eines familienrechtlichen Verhältnisses aufgestellt sind, legitimieren sich am besten durch Vorlage einer Bestallung oder einer Bestätigung des Vormundschaftsgerichts. Nachlaßpflegern, Nachlaßverwaltern und Testamentsvollstreckern kann vom Nachlaßgericht ein Nachweis ihres Amtes gegeben werden. Beim Konkursverwalter wird die vom Gerichte ihm erteilte urkundliche Bescheinigung seiner Ernennung oder die Bezugnahme auf die öffentliche Bekanntmachung seiner

Person genügen. Der Ehemann kann seine Vertretungsmacht durch einen Auszug aus dem Güterrechtsregister nachweisen. Für seine Berechtigung ist aber an und für sich schon die Vermutung. Da nach § 1363 BGB. der Eintritt der Verwaltungsgemeinschaft als Regel anzusehen ist und die allgemeine Annahme dagegen spricht, daß die einer Ehefrau gehörigen Aktien die Eigenschaft als Vorbehaltungsgut haben (§§ 1368, 1369 BGB.), so wird der Ehemann als solcher als Vertreter seiner Frau für die ihr gehörigen, auf ihren Namen im Aktienbuche eingetragenen bzw. zur Generalversammlung angemeldeten Aktien schlechthin als legitimiert anzusehen sein.[1])

Insoferne juristischen Persönlichkeiten des Privatrechtes durch das Gesetz die Eintragung ihrer Vorstandsmitglieder und Vertreter in das Vereins- oder Handelsregister zur Pflicht gemacht ist, kann hier die Legitimation des Vertreters durch einen beglaubigten Auszug aus dem Register oder dem Bestellungsakt dargetan werden. Vertreter öffentlich rechtlicher Verbände weisen ihre Vertretungsmacht durch ein amtliches Zeugnis oder durch eine Mitteilung von Seite ihrer vorgesetzten Behörde an die Gesellschaft nach. — Besteht Kollektivvertretung, so bedarf der Stimmführer, soferne nicht sämtliche Vertretungsberechtigte in der Generalversammlung anwesend sind, einer den Vorschriften des § 252 Abs. 2 HGB. entsprechenden Vollmacht der übrigen Vertretungsberechtigten.

Auch der Prokurist hat eine von seinem Prinzipal ausgefertigte Vollmacht vorzulegen; ein Auszug aus dem Handelsregister wird nicht genügen.[2]) Denn er steht nicht an Stelle eines handlungsunfähigen oder in der Handlungsfähigkeit beschränkten Rechtssubjektes oder vertritt eine Vermögensmasse, sondern ist neben seinem geschäftsfähigen Prinzipal tätig. Es handelt sich hier um eine besonders geartete Bevollmächtigung, für die der Umfang vom Gesetz festgelegt ist und die im allgemeinen nicht beschränkt werden kann. (§ 49 ff. HGB.) Richtig ist ja, daß diese Generalvollmacht dem Prokuristen auch die Befugnis einräumt, die Aktien seines Geschäftsherrn in der Generalversammlung zu vertreten. Allein die Vorschrift des § 252 Abs. 2 erfordert für die vertragsmäßige Bevollmächtigung ausnahmslos die schriftliche Form. Ein Auszug aus dem Handelsregister kommt dieser zwingenden Bestimmung nicht nach.

Im übrigen ermächtigt die Prokura ihren Träger keineswegs für alle in dem Besitze des Prinzipals befindlichen Aktien das Stimmrecht auszuüben. Aktien, die dieser sich als private Kapitalsanlage angeschafft hat, darf der Prokurist nicht im Hinblick

---

[1]) Simon a. a. O. S. 274.

[2]) So auch Lehmann-Ring a. a. O. § 252 Nr. 6. Anderer Meinung Staub a. a. O. § 252 Anm. 9; Goldmann a. a. O. § 252 Ziff. 18.

auf seine Handelsvollmacht vertreten. Schon mit Rücksicht hierauf erscheint es nicht ungerechtfertigt, wenn verlangt wird, daß der Prokurist sich durch eine Spezialvollmacht für seine Aktien ausweise.

c) Die Stellvertretung bei einem Mitberechtigungsverhältnis mehrerer an einer Aktie.

Eine besondere Regelung hat im Gesetze die Frage der Stellvertretung bei einem Mitberechtigungsverhältnis mehrerer an einer Aktie erfahren. Es ist hier davon ausgegangen, daß nur ein Mitgliedschaftsrecht gegenüber der Aktiengesellschaft vorhanden ist, und demgemäß wird die Ausübung des Stimmrechtes nur durch eine einzige Person, nämlich durch einen gemeinschaftlichen Vertreter gestattet.

Früher hatte die Vorschrift von der Unteilbarkeit der Aktie, wie die Denkschrift zum Entwurf eines HGB. von 1896 [1]) bemerkt, Zweifel in der Richtung hervorgerufen, ob überhaupt ein Miteigentum an einer Aktie möglich sei und in welcher Weise solchen Falls die Beteiligten, insbesondere mehrere Miterben, ihre Rechte an der Aktie auszuüben haben. Nunmehr hat die Bestimmung des § 225 Abs. 1 HGB. Klarheit geschaffen.

Eine Regelung des Verhältnisses zwischen den Mitberechtigten trifft das HGB. nicht. Es haben deshalb die Vorschriften des Bürgerlichen Gesetzbuches über die Gemeinschaft an einer unteilbaren Sache Anwendung zu finden, nämlich §§ 741 ff. Hier bietet insbesondere § 745 die Handhabe, die es ermöglicht, auf Grund eines Mehrheitsbeschlusses eine ordnungsgemäße Verwaltung und damit auch eine Vereinbarung über die Stimmabgabe in der Generalversammlung oder die Wahl eines Vertreters durchzusetzen. Kommt eine Einigung nicht zustande, so kann das Stimmrecht nicht ausgeübt werden; als äußerste Möglichkeit bleibt nichts anderes übrig, als Aufhebung der Gemeinschaft durch Verkauf der Aktie zu bewirken. (§ 753 BGB.)

Die Vorschriften über die Gemeinschaft finden indessen nur insoweit Anwendung, als nicht etwa für das einzelne Rechtsverhältnis, bei dem Mitberechtigung besteht, eine anderweitige gesetzliche oder vertragsmäßige Regelung getroffen ist.

§ 225 HGB. ist auch maßgebend für die Vertretung von Aktien, die im Besitze eines nicht rechtsfähigen Vereines (§ 54 BGB.) oder einer Gesellschaft des Bürgerlichen Rechtes sind; dagegen trifft er nach der Ansicht Staubs [2]) nicht zu, wenn eine offene Handelsgesellschaft oder eine Kommanditgesellschaft Aktien

---

[1]) Hahn, Materialien S. 304.
[2]) Staub a. a. O § 225 Anm. 3.

erwirbt, da diese Gesellschaften formelle Parteifähigkeit besitzen und es so angesehen wird, als sei ein Berechtigter vorhanden. Praktisch ist jedoch das gleichgültig, da auf alle Fälle ein Vertreter notwendig ist.

Die Frage ist nun weiter die, wie das Mitberechtigungsverhältnis der Aktiengesellschaft gegenüber zum Bewußtsein gelangt. Bei Namensaktien und Interimsscheinen wird es sich aus dem Aktienbuch ersehen lassen, insoferne dort eine Mehrheit von Berechtigten für eine Aktie eingetragen ist oder auf Eintragung Anspruch erhebt. Dagegen wird bei Inhaberaktien die Gesellschaft selten von einem gemeinschaftlichen Eigentum Kenntnis erlangen, es sei denn, daß dem Inhaber der Aktie von den Miteigentümern ihr gegenüber die Befugnis zur Vertretung bestritten wird mit dem Hinweis, daß er nicht Alleineigentümer der Aktie und auch nicht zu ihrer Vertretung beauftragt sei. Dem Aktieninhaber muß dann die Ausübung des Stimmrechtes versagt werden; die Legitimation, die ihm das Inhaberpapier sichert, nützt nichts, weil aus den tatsächlichen Verhältnissen hervorgeht, daß er nicht verfügungsberechtigt ist.

Die Vorschriften des § 252 Abs. 2 HGB. über die schriftliche Form der Vollmacht und statutarische Qualifikationserfordernisse hinsichtlich der Person des Vertreters zessieren hier, weil es sich um eine Art Zwangsvertretung handelt. Die Bestellung des Vertreters erfolgt formlos. Die Aktiengesellschaft kann aber verlangen, daß an sie eine Anzeige erfolgt. Diese hat von sämtlichen Mitberechtigten auszugehen und ist insbesondere dann notwendig, wenn einem Dritten die Vertretung der Aktie übertragen wird. Die Gesellschaft wäre sonst nicht in der Lage, die Legitimation des Stimmführers zu prüfen. Pinner geht sogar soweit anzunehmen, daß neben den Berechtigten auch ihr Vertreter im Aktienbuch einzutragen ist.[1])

Die Vorschrift des § 225 Abs. 1 HGB. deckt sich dem Inhalt und dem Wortlaut nach mit der Bestimmung des § 18 Abs. 1 des Ges. betr. die Gesellschaften mit beschränkter Haftung.

3. Die verdeckte Vertretung.

Die Möglichkeit, daß jemand in der Generalversammlung als Aktionär in eigenem Namen, jedoch im Auftrag eines Dritten auftritt, hat im Gesetze eine Erwähnung nicht gefunden. Aber deswegen ist die verdeckte Vertretung nicht unerlaubt. Denn da das Aktienrecht selbst die Berechtigung zum Stimmen in der Generalversammlung von dem Nachweis des Eigentumsrechtes an der Aktie unabhängig gemacht hat, kann es dem Aktionär auch

---

[1]) Pinner a. a. O. § 225 VII.

nicht verwehrt sein, wenn er, ohne sich seines Eigentumsrechtes zu begeben, lediglich seinen Rechtsausweis einem anderen überträgt und so diesen bevollmächtigt, seine Mitgliedschaftsrechte für ihn auszuüben. „Das Recht zur Übertragung des Eigentums an der Aktie umfaßt auch das mindere Recht auf Benutzung der Aktie zur Herstellung der Legitimation als Eigentümer.“ [1])

Das gilt sowohl für die Inhaberaktien, bei denen diese Art von Vertretung am häufigsten vorkommt, wie für die Namensaktien.

1. Der Besitz einer Inhaberaktie legitimiert den Inhaber, die Befugnisse eines Aktionärs auszuüben. Er schützt ihn insbesondere gegen den Einwand, daß er nicht Eigentümer der Aktie sei, sondern nur dessen Beauftragter. Der Aktieninhaber leitet überhaupt seine Befugnisse nicht von einer Bevollmächtigung ab, sondern er hat seine Legitimation aus der Natur der Inhaberaktie als Inhaberpapier: sein Legitimationsgrund ist der Besitz der Aktie und dieser ist einzig maßgebend. Die Gesellschaft kann deshalb nicht verlangen, daß er sein Recht zur Vertretung durch eine schriftliche Vollmacht nachweise. Um eben eine Vollmacht oder einen andern Rechtsausweis überflüssig zu machen, ist dem Berechtigten ein Papier in die Hand gegeben, dessen bloßer Besitz ihn schon legitimiert, das verbriefte Recht geltend zu machen. Demgemäß wurde auch bei der Beratung des Handelsgesetzbuches von 1884 in der Kommission [2]) ein Antrag, daß nur der Eigentümer und die von diesem mit formeller Vollmacht versehenen Personen stimmen dürften, abgelehnt, und zwar mit der Begründung, daß die leichte Art der Legitimationsbeschaffung als ein natürlicher Vorzug der Inhaberaktie festgehalten werden müsse.

Der Besitzer von Inhaberaktien, der für einen anderen das Stimmrecht in der Generalversammlung ausübt, braucht eine Vollmacht nur, wenn er zum Ausdruck bringen will, daß er nicht in eigenem Namen, sondern im Auftrag eines Dritten stimmt. Es gibt eine Reihe von Verhältnissen, bei denen es für jemand von großem Interesse sein kann, die Öffentlichkeit darüber aufzuklären, daß er kraft fremden Rechtes in der Generalversammlung Stimmrechte geltend mache. Ein solcher Fall ist z. B. gegeben, wenn einem einzelnen Aktionär für sich statutarisch nur eine beschränkte Anzahl von Stimmen zukommt, ohne daß es ausgeschlossen ist, daß er weitere Stimmen als Bevollmächtigter oder gesetzlicher Vertreter führt. Wenn er hier nicht das Verhältnis der eigenen und fremden Stimmen klarlegt — und er kann das nur dadurch erreichen, daß er durch Vorlage einer Vollmacht für die ihm nicht gehörenden Aktien sich als Vertreter ausweist — so hat möglicherweise ein Teil der von ihm geführten Stimmen bei der Beschluß-

[1]) Simon a. a. O. S. 278.
[2]) Kommissionsbericht S. 1028.

fassung unberücksichtigt zu bleiben. Früher war das auch von Bedeutung für die Erhebung der Anfechtungsklage. Denn nach der Rechtsprechung des Reichsgerichts [1]) war es dem Kläger zur Pflicht gemacht, sämtliche Aktien, mit denen er in der Generalversammlung gestimmt, zu hinterlegen, es sei denn, daß er dort als in gesetzmäßiger Weise dargetan, daß er einen Teil der Aktien als Bevollmächtigter vertreten habe. Letzteres hat, da die Hinterlegung als „ein Schutzmittel und Korrektiv gegen den Mißbrauch der Aktien" anzusehen ist, auch gegenwärtig zu gelten, wenn eine Aktionärfraktion nach § 266 HGB. den Antrag auf Ernennung von Revisoren zur Prüfung von Vorgängen bei der Gründung oder Geschäftsführung stellt und bis zu dessen Entscheidung „die Aktien" zu hinterlegen sind.

Das Gesetz erfordert also bei der Inhaberaktie schriftliche Vollmacht nur von dem, der für einen anderen mit der Aktie stimmen und das auch äußerlich erkennbar machen will. „Ohne dieses gilt er als Stimmberechtigter aus eigenem Rechte."[2])

2. Eine verdeckte Vertretung ist, wie bereits erwähnt, auch bei der Namensaktie möglich. Das Mittel hiezu bietet die Benützung des Grundsatzes, daß lediglich durch die Eintragung im Aktienbuch die Legitimation gegenüber der Gesellschaft geführt wird, sowie die sich hieraus ergebende Tatsache, daß es vollkommen unberücksichtigt zu bleiben hat, daß der Eingetragene nicht oder nicht mehr Aktionär ist. Wenn also der Eigentümer der Aktie einer Person diese Legitimation der Eintragung überläßt, so ist sie in der Lage, in eigenem Namen als Aktionär in der Generalversammlung aufzutreten. Er kann das in der Weise ausführen, daß er mit dem Stimmrechtsträger die Uebertragung der Namensaktie zu dem Zwecke vereinbart, daß dieser auf Grund der Vorlegung und des Nachweises des Ueberganges der Aktie die Eintragung im Aktienbuch für sich betätige, aber nicht in der Absicht, in Wirklichkeit Aktionär zu werden, sondern nur um nach außen hin als solcher zu erscheinen. Denn beim Uebergang einer Aktie durch Indossament oder Zession muß, wie bereits ausgeführt, der Wille der Vertragsparteien nicht ausschließlich dahin gehen, dem Indossatar oder Zessionar das Eigentum zu verschaffen, sondern es wird vom Rechte auch der ernstliche Wille anerkannt und geschützt, daß der Indossatar oder Zessionar nur Dritten gegenüber die Rechte des Eigentümers oder dessen äußere Legitimation haben solle. Am einfachsten gestaltet sich die Legitimationsübertragung an einen Rechtsvorgänger, der zufälligerweise noch im Aktienbuch eingetragen ist. Der Eigentümer braucht hier nur von der Umschreibung bis nach der Generalversammlung Umgang zu nehmen.

Daß eine derartige Vertretung bei Namensaktien zulässig ist, ergibt sich auch aus der Entscheidung des Reichsgerichts in Band 40

---

[1]) RG. Bd. 37 S. 108.

[2]) So RG. Bd. 37 S. 111, vgl. auch RG. Bd. 30 S. 51, Bd. 40 S. 81.

Seite 81 ff., wo der Einwand, daß der im Aktienbuch Eingetragene in Wahrheit nicht Eigentümer und der Eigentumsübergang nur simuliert sei, mangels eines besonderen Interesses für bedeutungslos erachtet wird.

3. Ob die Befugnis zur Vertretung von Aktien in der Generalversammlung zugleich das Recht enthält, als Pseudoaktionär zu stimmen, ist Tatfrage und nach der Lage der Verhältnisse zu beurteilen. Im allgemeinen ist hiebei davon auszugehen, ob die Beziehungen zwischen Vertreter und Vertretenem — seien es nun solche familiärer oder rein tatsächlicher Natur — wirklich so enge sind und ein derartiges beiderseitiges Vertrauen besteht, daß es letzterem ganz gleichgültig ist, in welcher Art die Vertretung seiner Aktien erfolgt. Wo es ferner in der Absicht der Parteien liegt, Schwierigkeiten und Kosten für die Anmeldung der Aktien zu beseitigen und zu vermeiden, geht ihr Wille regelmäßig wohl auch dahin, daß der Vertreter ermächtigt sein soll, in eigenem Namen die Stimmabgabe in der Generalversammlung vorzunehmen; er kann deshalb in dieser Weise sogar eine vorher erforderliche Anmeldung betätigen und die Aktien hinterlegen. Letzteres verstößt nicht gegen § 2 Abs. 1 des Depotgesetzes. Denn die Deponierung der Aktien behufs Ausübung des Stimmrechts ist nicht geeignet, die Rechte des Hinterlegers an dem Papiere oder auf dieses zu beeinträchtigen. Diesem wird weder sein Eigentum entzogen noch wird es irgendwie belastet.

Banken pflegen vielfach mit ihren Kunden eine Vereinbarung des Inhalts zu treffen, die sie generell ermächtigt, die Anmeldung der Aktien auf ihren eigenen Namen oder den einer ihnen geeignet erscheinenden Persönlichkeit vorzunehmen.[1])

4. Der Grund, warum man zu dem Modus der verdeckten Vertretung greift, ist nach Lage der Fälle verschieden: es kann da das Bestreben nach Geschäftsvereinfachung oder Kostenersparnis, die Schwierigkeit einer Vollmachtsbeschaffung, das Interesse einer Person, ihren Aktienbesitz nicht zur Kenntnis der Öffentlichkeit zu bringen usw. ausschlaggebend sein. Nur muß der Zweck ein erlaubter sein. Die verdeckte Vertretung oder die Legitimationsübertragung ist unzulässig, wenn damit dem Auftraggeber ein Stimmrecht verschafft werden soll, das diesem überhaupt nicht oder nicht in solcher Höhe zukommt, wenn es sich also um einen sogenannten Strohmann handelt. Man pflegt zwar häufig mit diesem Ausdruck alle in der Generalversammlung auftretenden Nichtaktionäre zu bezeichnen, allein richtiger ist es — und so soll es auch hier gehalten werden — das Wort nur für Persönlichkeiten zu gebrauchen, die in der Generalversammlung ein Stimmrecht ausüben, ohne daß ihnen oder ihren Auftraggebern nach Gesetz und Statut ein solches zusteht. Hier hören dann die Wirkungen

---

[1]) Hierüber siehe insbesondere Simon a. a. O. S. 276 ff.

der verdeckten Vertretung auf. Wenn auch die Eintragung im Aktienbuch oder der Besitz der Inhaberaktie eine ganz selbständige Legitimation zur Stimmabgabe gewährt und es an und für sich nicht gestattet, auf das zugrunde liegende Rechtsverhältnis einzugehen, so dürfen doch die Vorteile dieses Rechtsausweises nicht dazu mißbraucht werden, um ein Stimmrecht zu erschleichen und nicht unlauteren Absichten dienstbar gemacht werden. Der vom Eigentümer ausgehende Rechtsausweis muß da versagen, wo für diesen selbst ein Recht nicht vorhanden ist. „Die Rechte des Legitimationserwerbers können nicht weiter gehen als die des Legitimationstradenten. Denn es sind ja nur dessen Rechte, die er ausüben darf und soll."[1]) Die vorhandene formelle Legitimation vermag den Mangel der materiellen Berechtigung nicht zu decken.

Die Gesellschaft kann darum einem solchen Pseudoaktionär — sowohl bei Namens- wie bei Inhaberaktien den Einwand entgegensetzen, daß sein Auftraggeber selbst ein Stimmrecht nicht beanspruchen könne, und ihm mit dieser Begründung die Stimmabgabe in der Generalversammlung verweigern.[2])

Wollte man der Gesellschaft diese Befugnis nicht zustehen, so wäre sie, abgesehen von der Möglichkeit der Anfechtung des Beschlusses, der durch die ungesetzliche Manipulation zustande gekommen, schutzlos der Willkür einiger Aktionäre preisgegeben, denen man im wohlverstandenen Gemeininteresse ihren Einfluß ganz oder teilweise modifizierte.

III. Teil.

Der Schutz des Stimmrechtes.

1. In zivilrechtlicher Hinsicht.

Damit die Rechte, welche dem Aktionär in den Angelegenheiten der Gesellschaft zustehen, nicht an ihrem Werte verlieren, damit insbesondere das vornehmste Recht des Aktionärs, das Stimmrecht, nicht in seiner Bedeutung gemindert wird, enthält das Handelsgesetzbuch eine Reihe von zwingenden Vorschriften, die dem Aktionär in seinen Befugnissen Schutz gewähren und es hindern, daß diese durch statutarische Anordnungen illusorisch gemacht werden.

---

[1]) Staub a. a. O. Exkurs zu § 224 Anm. 4 u. 5.

[2]) Vgl. Alexander, Die Sonderrechte der Aktionäre, Berlin 1892, S. 179. Bauer, Der Aufsichtsrat, Leipzig 1900, S. 185. Für unsere Verhältnisse zutreffend ist auch eine Entscheidung des Schweizerischen Bundesgerichts vom 9. Mai 1897 (abgedruckt bei Holdheim Jahrg. 1897 S. 412). Hier ist der Aktiengesellschaft bzw. den Aktionären die Befugnis zugestanden, dem Pseudoaktionär sein Nichtrecht entgegenzuhalten, soferne die Form der Besitzübertragung zur Umgehung der Stimmrechtsbeschränkungen mißbraucht wird.

1. Die Berufung der Generalversammlung.

Nach dem Gesetze besteht eine Verpflichtung der Gesellschaftsorgane, in bestimmten Zeiträumen und unter gewissen Umständen eine Generalversammlung einzuberufen: aus § 260 HGB. ergibt sich, daß jährlich mindestens eine notwendig ist.[1]) Weiters ist vorgesehen, daß bei einem bilanzmäßigen Verlust der Hälfte des Grundkapitals (§ 240 HGB.), sowie in Fällen, in denen es im Statut bestimmt ist oder es im Interesse der Gesellschaft liegt (§§ 246 Abs. 2, 253 HGB.), durch Vorstand bzw. Aufsichtsrat eine Generalversammlung zu berufen ist. Daneben existiert auch ein Recht der Aktionäre, die Berufung zu verlangen und sogar diese auf richterliche Ermächtigung hin selbst vorzunehmen. (§ 254 HGB.)

Eine Reihe von weiteren Vorschriften bezweckt die Aktionäre sicher von dem Tag der Generalversammlung und von den Gegenständen der Beratung in Kenntnis zu setzen.

Vor allem muß der Gesellschaftsvertrag bei Strafe der Nichtigkeit Bestimmungen über die Form, in der die Berufung der Generalversammlung geschieht, enthalten. (§§ 182 Abs. 2 Z. 5, 309 HGB.)

Eine Heilung dieses Mangels ist nur unter Beobachtung der Vorschrift des § 310 möglich: es ist ein Beschluß über Änderung des Gesellschaftsvertrages zu fassen; die Berufung zu dieser Generalversammlung hat durch Einrückung in diejenigen Blätter zu geschehen, welche für die Bekanntmachungen der Eintragungen in das Handelsregister bestimmt sind.

Für die Berufung selbst ist eine Minimalfrist von zwei Wochen vorgesehen, die bei einer statutarisch vorgeschriebenen Hinterlegung sich noch verlängert. (§ 255 HGB.) [Vgl. hierüber Seite 35.]

Eine Bekanntmachung des Zweckes der Generalversammlung ist durch § 256 angeordnet. Die Tagesordnung muß mindestens eine, bzw. zwei Wochen vor dem Tage der Generalversammlung angekündigt werden, je nachdem es sich um eine Beschlußfassung handelt, für die einfache oder qualifizierte Abstimmung nötig ist.

Ist eine Hinterlegungsfrist für die Aktien vorgeschrieben, so tritt an die Stelle des Tages der Generalversammlung der Tag, bis zu dessen Ablauf die Hinterlegung zu geschehen hat. Es ist diese Bestimmung neu, und deswegen eingefügt, damit nicht die Tagesordnung zu einer Zeit geändert oder ergänzt werden kann, in der wegen Ablaufs der Hinterlegungsfrist der Aktionär nicht mehr in der Lage ist, sich das Stimmrecht zu wahren.

Die Ankündigung der Beratungsgegenstände muß in der Tagesordnung so gefaßt sein, daß die Aktionäre zu erkennen vermögen,

---

[1]) Vgl. hierüber Frankenburger: „Ist mindestens einmal im Jahre die Generalversammlung der Aktionäre der Kommanditgesellschaft a. A. bzw. der Aktiengesellschaft zu berufen?" in Holdheims Monatsschrift Jahrg. 1892 S. 363.

um was es sich handelt, und dadurch in den Stand gesetzt werden, sich auf den Stoff der Tagesordnung gehörig vorzubereiten.[1]) Vgl. auch die größtenteils neuen Vorschriften §§ 256 Abs. 1 S. 2, 257, 263 HGB., die die Information des Aktionärs erleichtern.

2. Wirkungskreis der Generalversammlung.

Dieser ist im Gesetze in der Weise festgelegt, daß die Rechte, welche den Aktionären in den Angelegenheiten der Gesellschaft insbesondere in bezug auf die Führung der Geschäfte zustehen, durch Beschlußfassung in der Generalversammlung ausgeübt werden. (§ 250 HGB.) Eine Kompetenzgrenze setzen ihrer Tätigkeit nur Gesetz, Gesellschaftsvertrag oder unentziehbare Sonderrechte (Individualrechte) der einzelnen Aktionäre; die Generalversammlung ist das oberste Willensorgan der Gesellschaft.

In dieser ihrer Stellung kann sie auch nicht durch ein anderes Organ ersetzt werden.

3. Die Beschlußfassung in der Generalversammlung.

Die vom Gesetz vorgesehene regelmäßig erforderliche Stimmenmehrheit für einen Beschluß ist die absolute Majorität der abgegebenen Stimmen, wobei die von Aktionären, die zwar erschienen, aber nicht mitstimmen oder mitstimmen dürfen, nicht gezählt werden. (§ 251 HGB.[2])) Das Statut darf dabei nicht entgegen dem Gesetze anordnen, daß die Generalversammlung mit einer geringeren als der einfachen Stimmenmehrheit — Wahlen ausgenommen — Beschlüsse fassen kann.[3]) Es ist also unzulässig, zu bestimmen, daß der Stichentscheid des Vorsitzenden oder das Los bei Stimmengleichheit den Ausschlag geben soll.

Ein Schutz des dem einzelnen Aktionär zukommenden Stimmrechtes liegt auch darin, wenn das Gesetz oder das Statut für gewisse Beschlußfassungen eine qualifizierte Majorität vorsieht. So hat das Gesetz für die Abänderung des Gegenstandes eines Unternehmens, für die Herabsetzung des Grundkapitals, für die Auflösung der Gesellschaft eine Mehrheit von mindestens drei Vierteilen des bei der Beschlußfassung vertretenen Grundkapitals verlangt (§§ 275 Abs. 2, 288, 292 Abs. 1 Ziff. 2) und statutarische Anordnungen, soweit sie eine geringere Majorität aufstellen, ausgeschlossen. Dieselbe Majorität ist auch für die Veräußerung des Gesellschaftsvermögens im ganzen, für eine Verstaatlichung des Unternehmens der Aktiengesellschaft und für einen Fusionsvertrag erforderlich (§§ 303—305 HGB.). Besondere Vorschriften für die

---

[1]) Entsch. d. OLG. Dresden vom 20. X. 1886, abgedruckt in Goldschmidts Zeitschrift für das gesamte Handelsrecht, 35. Bd. S. 248.

[2]) Staub a. a. O. § 251 Anm. 1. Pinner a. a. O. § 251 II. Bauer, Das Aktiengesetz. Vgl. auch RG. Bd. 20 S. 144.

[3]) Lehmann, Das Recht der Aktiengesellschaften, II. Bd. S. 193.

Abstimmung bestehen, wenn das bisherige Verhältnis mehrerer Gattungen von Aktien zum Nachteil einer Gattung geändert werden soll, insoferne hier neben dem Beschlusse der Generalversammlung ein in gesonderter Abstimmung gefaßter Beschluß der benachteiligten Aktionäre, der nach dem Gesetze einer 3/4 Majorität bedarf, notwendig ist. (§ 275 Abs. 3 HGB.)

Eine eigenartig zusammengesetzte Majorität ist zur Beschlußfassung über die Errichtung der Gesellschaft gesetzlich festgelegt. Die zustimmende Mehrheit muß nämlich die absolute Mehrheit der anwesenden Stimmen, den vierten Teil aller Aktionäre, auch der nicht erschienenen, und den vierten Teil des nominellen Grundkapitals umfassen, wobei bei der qualifizierten Gründung Gründer und Sacheinleger die übrigen Aktionäre nicht überstimmen können. (§ 196 Abs. 4, vgl. auch Abs. 5, der sogar für gewisse Fälle die Zustimmung aller erschienenen Aktionäre fordert, sowie § 207 HGB., der die Beschlußfassung für Nachgründungsverträge regelt.) Eine Begünstigung des dem einzelnen Aktionär zukommenden Stimmrechtes ist schließlich auch in den in den §§ 205, 264 u. 266 HGB. statuierten Individualrechten einer Aktionärfraktion zu erblicken.

Damit nun der in der Generalversammlung hervorgetretene Wille der Aktionäre einwandfrei festgestellt wird, bedarf jeder Beschluß der Generalversammlung zu seiner Gültigkeit der Beurkundung durch ein über die Verhandlung gerichtlich oder notariell aufgenommenes Protokoll. (§ 259 HGB.)

4. Die Anfechtung der Generalversammlungsbeschlüsse.

Den weitgehendsten Schutz des Stimmrechtes gewährt dem Aktionär das Anfechtungsrecht. Der Aktionär kann nämlich einen Beschluß der Generalversammlung wegen Verletzung des Gesetzes oder des Gesellschaftsvertrages im Wege der Klage binnen eines Monates vom Tage der Generalversammlung an anfechten. Als solche Verletzung gilt die Nichtbeachtung jeder Rechtsnorm, sei es nun eine formelle oder materielle, eine handelsgewohnheitsrechtliche oder eine strafrechtliche des Aktiengesetzes.[1]) Sie ist z. B. gegeben, wenn sich Aktionäre an der Abstimmung beteiligen, gleichgültig ob persönlich oder durch einen Vertreter, denen ein Stimmrecht überhaupt nicht oder doch nicht in der beanspruchten Höhe zukam. Es fällt hierunter insbesondere der Mißbrauch der Legitimationsübertragung und die widerrechtliche Benützung fremder Aktien.

Die Anfechtungsklage ist ferner auch das geeignete Abhilfemittel, wenn einem Aktionär oder dessen Bevollmächtigten unberechtigterweise die Zulassung zur Generalversammlung verweigert worden ist. Weiter begründet es die Anfechtung, wenn die

---

[1]) Staub a. a. O. § 270 Anm. 2.

Berufung der Versammlung oder die Ankündigung des Gegenstandes der Beschlußfassung nicht gehörig erfolgt ist.

Als formelle Voraussetzung des Anfechtungsrechtes für den erschienenen Aktionär wird gefordert, daß er gegen den Beschluß Widerspruch zu Protokoll erklärt hat. Er kann das ohne Angabe von Gründen [1]) und generell [2]) tun, letzteres jedoch nur, wenn er nicht bloß einzelne Beschlüsse der Generalversammlung als gesetz- oder statutwidrig anfechten will; in diesem Falle ist erforderlich, daß der Widerspruch gegen den betreffenden Beschluß zu Protokoll erklärt wird.

Der Einwand, daß der Inhaber der Aktien in Wahrheit nicht Eigentümer sei, steht der Legitimation als Anfechtungsgegner regelmäßig, d. h. wenn er nicht Strohmann ist, nicht entgegen.[3])

Eine gerichtliche Hinterlegung der Aktien ist im Gegensatz zu früher nicht mehr erforderlich. Doch hat nötigenfalls der Kläger seine Legitimation zur Führung des Rechtsstreites darzutun, also nachzuweisen, daß er fortwährend Aktionär ist.[4]) Hiezu genügt auch der Besitz einer Aktie.

Der Beweis der Einflußlosigkeit der Verletzung auf das Ergebnis der Beschlußfassung schließt das Anfechtungsrecht aus. Es gilt das insbesondere dann, wenn Aktionäre unzulässigerweise mitgestimmt haben, jedoch auch nach Abzug ihrer Stimmen die Mehrheit für den Beschluß geblieben ist.[5]) Selbst wenn ein Nichtaktionär oder eine Person, die Aktien durch Diebstahl sich angeeignet hat, an der Abstimmung sich beteiligte, so ist diese noch nicht ohne weiteres hinfällig, sondern nur unter der Voraussetzung, daß gerade durch diese Stimmabgabe die Majorität zustande gekommen ist.

Ein der Anfechtungsklage stattgebendes Urteil hat den Beschluß für nichtig zu erklären. Seine Rechtskraft wirkt auch für und gegen die Aktionäre, die nicht Partei sind. (§ 273 HGB.) Verzichtet dagegen der Aktionär auf die Anfechtung des gesetz- oder statutwidrigen Beschlusses, so wird dieser gültig. Eine solche Konvaleszenz tritt selbst dann ein, wenn zwingende Vorschriften verletzt wurden. Denn diese sind nur zwingend in dem Sinne, daß das Gegenteil nicht gültig vereinbart werden kann. Wohl aber kann auf die Rechtsfolgen einer solchen Verletzung durch einen Generalversammlungsbeschluß in concreto wirksam verzichtet werden und ein solcher Verzicht liegt in der Nichtanfechtung.[6])

---

[1]) RG. Bd. 20 S. 141.

[2]) RG. Bd. 30 S. 51, Bd. 36 S. 24.

[3]) RG. Bd. 40 S. 82.

[4]) Hahn, Materialien S. 317.

[5]) Staub a. a. O. § 271 Anm. 3 und Pinner § 271 V 1, wo auch die Rechtsprechung zusammengetragen.

[6]) Staub a. a. O. § 273 Anm. 14.

2. In strafrechtlicher Hinsicht.

Der Aktionär ist in seinem Anspruch, daß in der Generalversammlung der wirkliche Wille der Aktionäre hervortrete und das Stimmrecht nicht von Unberechtigten mißbraucht werde, weiters auch strafrechtlich geschützt, und das Aktienrecht hat hier eine Reihe von Spezialdelikten konstruiert.

1. Vom Gesetze mit Strafe bedroht ist die wissentlich falsche Ausstellung und die Verfälschung von Bescheinigungen über die Hinterlegung von Aktien und Interimsscheinen, sowie das Gebrauchmachen von solchen mit dem Bewußtsein der Fälschung. Die Verletzung dieser Vorschrift wird mit Gefängnis bis zu einem Jahre und zugleich mit Geldstrafe bis zu 10 000 Mark, die bei mildernden Umständen ausschließlich eintreten kann, und möglicherweise auch mit Verlust der bürgerlichen Ehrenrechte bestraft. (§ 316 HGB.)

Das Anwendungsgebiet dieser Strafbestimmung ist allerdings ein beschränktes: es erstreckt sich nur auf die Fälle, wo das Statut die Ausübung des Stimmrechtes von der vorherigen Hinterlegung der Aktien abhängig gemacht hat.

2. Strafbar ist ferner der Stimmenkauf: das sich Gewähren- und Versprechenlassen sowie das Gewähren und Versprechen von besonderen Vorteilen für das Stimmen in einem gewissen Sinne oder die Stimmenthaltung in der Generalversammlung. Es steht darauf Geldstrafe bis zu 3000 Mark oder Gefängnis bis zu einem Jahr. (§ 317 HGB.)

Daß gerade materielle Vorteile eingeräumt werden, ist nicht erforderlich; unter den Tatbestand des § 317 fallen auch solche ideeller Natur,[1]) ebenso die ernsthaft gemeinte Zusicherung von vorläufig noch unbestimmten Gegendiensten. Die Vereinbarung des Fernbleibens von der Generalversammlung gegen Entgelt ist nach der Fassung des Gesetzes ebenfalls mit Strafe zu belegen. Klar ist, daß dem Bevollmächtigten und sei er auch nach außen hin als Aktionär legitimiert, von seinem Auftraggeber für die Stimmabgabe eine Entlohnung zugesagt werden kann; denn diese erfolgt nicht für das Stimmen in gewissem Sinne, sondern für die Übernahme der Vertretung und die damit verbundene Mühewaltung.

Rechtlich unerheblich ist ferner, wenn jemand sich dafür bezahlen läßt, daß er überhaupt der Generalversammlung beiwohnt, oder daß er dort einen Antrag bekämpft oder empfiehlt, im übrigen aber sich die Freiheit seiner Entschließung vorbehält.[2]) Anders liegt dagegen die Sache, wenn der Bevollmächtigte oder ein gesetzlicher Vertreter sich von einem Dritten dafür Vorteile gewähren oder versprechen läßt, daß er unter Außerachtlassung seiner In-

---

[1]) Vgl. Entsch. d. RG. in Strafsachen, Bd. 11, S. 166 und S. 219 ff.
[2]) Bauer, Aktiengesetz, S. 302. Staub § 317 Anm. 4.

struktionen oder Verletzung seiner Pflichten in dessen Interesse stimme. — Keinen Verstoß gegen das Gesetz enthält die in der Einladung zur Generalversammlung gemachte Mitteilung, daß gewisse Banken diejenigen Aktionäre kostenfrei zu vertreten bereit sind, die ihre Stimme in einem bestimmten Sinne abgeben wollen. [1])

Durch die Strafbestimmung nicht getroffen sind in Vorbesprechungen festgelegte Vereinbarungen von Aktionären über eine Stimmabgabe in bestimmter Richtung und Kompromisse. Die Vorteile liegen hier lediglich in der Geschlossenheit der Gruppe, es fehlt das Tatbestandsmerkmal der „besonderen Vorteile".[2])

Nicht uninteressant sind die zivilrechtlichen Folgen, die sich an die Übertretung des Verbotes knüpfen: zunächst sind Vertragsabmachungen, die der Vorschrift des § 317 HGB. widerstreben, nichtig. (§ 134 BGB.) Außerdem sind aber auch die Stimmen des Bestochenen ungültig. Es ergibt das als Resultat, daß dem legitimierten Eigentümer der Aktie ein Stimmrecht versagt wird. Der Grund hiefür liegt in der Zuwiderhandlung gegen die aktienrechtlichen Verbotsvorschriften: insoferne reflektiert das Strafrecht auch auf das Zivilrecht.

3. Unter Strafe gestellt ist sodann auch die widerrechtliche Benutzung von Aktien zur Stimmrechtsausübung und Geltendmachung von gewissen Minderheitsrechten sowie die Stimmleihe. Der unbefugt die Aktien eines anderen Benutzende, Verleiher und Entleiher werden mit einer Geldstrafe von 10 bis 30 Mark für jede der Aktien, jedoch nicht unter 1000 Mark bestraft. (§ 318 HGB.)

a) Die strafrechtliche Ahndung der unbefugten Benutzung fremder Aktien ist aus den Beschlüssen der Reichstagskommission bei der Beratung der Aktiennovelle von 1884 hervorgegangen, die es für angezeigt hielt, vorzugsweise einer in den dem Gesetze vorausgegangenen letzten Jahren allerdings mehr und mehr beseitigten Praxis selbst angesehener Bankhäuser entgegenzutreten, Stimmrechte auf den Generalversammlungen nicht bloß für die eigenen, sondern ohne Zustimmung der Deponenten für die bei ihnen deponierten Aktien auszuüben.[3])

Die Berechtigung zur Stimmabgabe ist nach den jeweiligen Vorschriften des bürgerlichen Rechtes zu beurteilen: sie kann auf verschiedenartige Rechtsverhältnisse sich gründen, sie kann aus der Natur des einzelnen Rechtsgeschäftes sich schließen lassen (z. B. aus einem Konsortial- oder Syndikatsvertrag), sie kann auch aus konkludenten Handlungen (z. B. aus der Übergabe des Effektenbesitzes seitens einer Person an ein Bankinstitut, wenn dieses vereinbarungsgemäß die volle Verwaltung ausüben soll) hervorgehen.

Dagegen schützt den das Stimmrecht geltend Machenden die

---

[1]) Entsch. d. RG. vom 19. Oktober 1904, abgedruckt in Holdheims Monatsschrift Jahrg. 1905 S. 19.

[2]) Staub § 317 Anm. 8.

[3]) Kommissionsbericht 1884 S. 1028.

Annahme der mutmaßlichen Zustimmung des Eigentümers der Aktien oder dessen nachträgliche Genehmigung nicht vor Strafe. Diese Umstände mögen wohl zivilrechtliche Bedeutung haben, dagegen sind sie strafrechtlich ohne Belang.[1]) Ebenso ist das Verhältnis des Abstimmenden zur Gesellschaft, insbesondere die Eintragung im Aktienbuch vollkommen gleichgültig. Maßgebend kann nur das Rechtsverhältnis sein, in welchem die Beteiligten zueinander stehen.[2]) Für dieses ist z. B. auch ein interner Widerruf der erteilten Vertretungsmacht von Bedeutung.

b) Vor dem Aktiengesetz von 1884 war es auch allgemein üblich, seine Aktien zur Ausübung des Stimmrechtes einem anderen gegen Entgelt zu überlassen. Man sah in dem Leihgeld ein ähnliches Erträgnis wiederkehrender Art wie in der Dividende.[3]) Auf diesem Standpunkt steht z. B. auch eine Entscheidung des Reichsoberhandelsgerichts vom 14. Dezember 1876,[4]) die besagt, „daß derjenige, welcher Aktien behufs Vertretung in der Generalversammlung einem anderen übergeben hat, von diesem die Herausgabe desjenigen Leihgeldes verlangen könne, welches derselbe von einem Dritten dafür erhalten, daß er ihm die Aktien zur Benutzung in der Generalversammlung erlassen habe; denn das Leihgeld gehöre zu den Früchten, welche dem Machtgeber und Eigentümer der Aktie gebührten."

Straffrei ist das Leihen und Mieten von Aktien auch jetzt noch, wenn ein Entgelt dafür nicht gefordert wird. Denn in diesem Falle ist anzunehmen, daß der Aktienbesitzer das Stimmrecht im Sinne des Eigentümers ausübt, eine Annahme, die aber entfällt, wenn der Eigentümer den Besitz der Aktie gegen Vorteile zum Stimmen einräumt, weil der Besitzer für diesen Vorteil sein Interesse wahrnehmen will, das nicht notwendig das der Aktiengesellschaft zu sein braucht.[5])

Selbst wenn durch die unentgeltliche Überlassung der Aktien gesetzliche Stimmverbote oder statutarische Stimmrechtsbeschränkungen umgangen würden, tritt eine Strafbarkeit nicht ein, was bei Beratung dieser Vorschrift in der Reichstagskommission ausdrücklich hervorgehoben wurde. Das Strohmännerunwesen wird also demnach hiemit nicht getroffen.

Bestraft wird lediglich die entgeltliche Leihe von Aktien zur Stimmausübung und die Mitwirkung hiezu durch Verleihung. Eine solche Überlassung ist schon bei bloßer Übertragung der Vollmacht gegen Bezahlung gegeben, mag auch der Aktionär seine

---

[1]) Pinner a. a. O. § 318 II 1 b. Simon a. a. O. S. 294.

[2]) Goldmann a. a. O. § 318 Ziff. 1.

[3]) Vgl. hierüber die Gutachten der Handelskammern, die auf das Rundschreiben des Ministers für Handel, Gewerbe und öffentliche Arbeiten in Preußen vom 28. Mai 1873 einliefen und teilweise bei Hecht, Das Börsen- und Aktienwesen der Gegenwart, Mannheim 1874, S. 215 ff. abgedruckt sind.

[4]) ROHG. Bd 21 Nr. 86.

[5]) RG. Bd. 38 S. 259.

Aktien selbst behalten und sie auf eigenen Namen anmelden.[1]) Die Feststellung eines Leihvertrages mit detaillierten Bestimmungen ist nicht erforderlich. Verträge, die zwar nach außen hin in eine andere Form als die der Leihe gekleidet sind, dagegen nur deswegen geschlossen wurden, um das Stimmrecht zu verschaffen, unterstehen ebenfalls der Strafvorschrift des § 318. Es gilt das insbesondere von scheinbaren Kaufverträgen und entgeltlichen Eigentumsübertragungen fiduziarischer Natur: wenn also „die Eigentumsübertragung nicht gewollt, sondern nur eine Form ist, um die gesetzlich unzulässige bloße Abtretung des Stimmrechtes zu ermöglichen." (RG. Bd. 38 S. 259.)

Eine Ausnahme besteht jedoch zugunsten des Reportgeschäftes. Es ist in der Literatur allgemein anerkannt,[2]) daß durch Reportgeschäft erworbene Aktien eigene Aktien des Erwerbers sind und daß letzterer demgemäß berechtigt ist, mit ihnen das Stimmrecht in der Generalversammlung auszuüben. Der Möglichkeit einer derartigen Umgehung der Strafvorschrift war man sich übrigens bereits bei ihrem Erlaß bewußt;[3]) allein es war die Erwägung vorherrschend, daß dem Reportgeschäft nur wenige in großen Massen vorhandene Papiere unterliegen, und daß es so große Mittel erfordere, daß eine erhebliche Gefahr in der bezeichneten Richtung nicht zu erwarten sei. Tatsächlich hat auch die Praxis in vielen Fällen schon zu dem Reportgeschäft ihre Zuflucht genommen, um für eine Generalversammlung „leihweise" Aktien zu erhalten, ohne dabei mit dem Strafgesetz in Konflikt zu kommen.

Wenn wichtige Generalversammlungen in Sicht sind, deren Ausgang für die Zukunft eines Unternehmens und für die Verhältnisse der Aktionäre von Bedeutung ist, so kann man bisweilen ein auffallend starkes Anziehen des Reportzinsfußes für die betreffenden Papiere wahrnehmen, das jedoch nach der Generalversammlung sofort wieder verschwindet. Der erhöhte Reportsatz stellt offenbar eine Prämie für die Überlassung der Aktien zur Ausübung des Stimmrechtes in der Generalversammlung dar und ist wirtschaftlich das nämliche wie Leih- oder Mietgeld.

Trotzdem hier eigentlich eine agere in fraudem legis vorliegt, wird man doch ohne eine spezielle Vorschrift die zivilrechtliche Ungültigkeit eines solchen Reportgeschäftes nicht in Frage ziehen und Hereingeber und Hereinnehmer dem Strafrichter überantworten können, weil eben ein reelles Kaufgeschäft gegeben ist.

---

[1]) Petersen-Pechmann, Gesetz betr. die Kommanditgesellschaft auf Aktien und die Aktiengesellschaften, Leipzig 1890, S. 629.

[2]) Abweichend Anschütz-Völderndorff, Beilagenband zum 6. Band, Erlangen 1885, S. 601.

[3]) Kommissionsbericht a. a. O. S. 1028.

Druck: Dr. F. P. Datterer & Cie., Freising.

FSC
www.fsc.org
MIX
Papier | Fördert gute Waldnutzung
FSC® C083411

Kolibri 360 GmbH
Ferdinand-Jühlke-Straße 7
99095 Erfurt, Deutschland
produktsicherheit@kolibri360.de